清涼國師華嚴經疏鈔

청량국사 화엄경소초 13

— 세주묘엄품 ③ —

청량징관 찬술 · 관허수진 현토역주

운주사

서언

천이백 년 침묵의 역사를 깨고

오늘도 나는 여전히 거제만을 바라본다.
겹겹이 조종하는 산들
산자락 사이 실가닥 저잣길을 지나 낙동강의 시린 눈빛
그 너머 미동도 없는 평온의 물결 저 거제만을 바라본다.
십오 년 전 그날 아침을 그리며 말이다.
나는 2006년 1월 10일 은해사 운부암을 다녀왔다.
그리고 그날 밤 열한 시 대적광전에서 평소에 꿈꾸어 왔던 『청량국사 화엄경소초』 완역의 무장무애를 지심으로 발원하고 번역에 착수하였다.
나의 가냘픈 지혜와 미약한 지견으로 부처님의 비단과도 같은 화장세계에 청량국사의 화려하게 수놓은 소초의 꽃을 피워내는 긴 여정을 시작한 것이다.
화엄은 바다였고 수미산이었다.
그 바다에는 부처님의 용이 살고 있었고
그 산에는 부처님의 코끼리가 노닐고 있었다.
예쁘게 단장한 청량국사 소초의 꽃잎에는 부처님의 생명이 태동하고 있었고,
겁외의 연꽃 밭에는 영원히 지지 않는 일승의 꽃이 향기를 뿜어내고

있었다.
그 바다 그 산 그리고 그 꽃밭에서 10년 7개월(구체적으로는 2006년 1월 10일부터 2016년 8월 1일까지) 동안 자유롭게 노닐었다.
때로는 산 넘고 강 건너 협곡을 지나고
때로는 은하수 별빛 따라 오작교도 다니었다.
삼경 오경의 그 영롱한 밤
숨쉬기조차 미안한 고요의 숭고함
그 시공은 영원한 나의 역경의 놀이터였다.

애시당초 이 작업은 세계 인문학의 자존심
내가 살아 숨쉬는 이 나라 대한민국 그리고 불교의 자존심에 기인한 것이다.
일찍이 그 누가 이 청량국사의 『화엄경소초』를 완역하였다면 나는 이 작업을 하지 않았을 것이다.
지금도 여전히 완역자는 없다.
더욱이 이 『청량국사화엄경소초』의 유일한 안내자 인악스님의 『잡화기』와 연담스님의 『유망기』도 그 누가 번역한 사실이 없다.
그러나 내 손안에 있는 두 분의 『사기』는 모두 다 번역하여 주석으로 정리하였다.

이 청량국사 화엄경의 소는 초를 판독하지 않으면 알 수가 없다.
그래서 그 이름을 구체적으로 대방광불화엄경수소연의초大方廣佛華嚴經隨疏演義鈔라 한 것이다.

즉 대방광불화엄경의 소문을 따라 그 뜻을 강연한 초안의 글이라는 것이다.

청량국사는 『화엄경』의 소문을 4년(혹은 5년) 쓰시되 2년차부터는 소문과 초문을 함께 써서 완성하시고 5년차부터 8년 동안 초문을 쓰셨다.

따라서 그 소문의 양은 초문에 비하면 겨우 삼분의 일에 지나지 않는다 할 것이다.

나는 1976년 해인사 강원에서 처음 『청량국사화엄경소초 현담』 여덟 권을 독파하였고,

1981년부터 3년간 금산사 화엄학림에서 『청량국사화엄경소초』를 독파하였다.

그때 이미 현토와 역주까지 최초 번역의 도면을 완성하였고,

당시에 아쉽게 독파하지 못한 십정품에서 입법계품까지의 소초는 1984년 이후 수선 안거시절 해제 때마다 독파하여 모두 정리하였다.

그러나 번역의 기연이 맞지 않아 미루다가 해인사 강주시절 잠시 번역에 착수하였으나 역시 기연이 맞지 않아 미루었다.

그리고 드디어 2006년 1월 10일 번역에 착수하여 2016년 8월 1일 십만 매 원고로 완역 탈고하고, 2020년 봄날 시공을 초월한 사상 초유 『청량국사화엄경소초』가 1,200년 침묵의 역사를 깨고 이 세상에 처음 눈을 뜨게 된 것이다.

번역의 순서는 먼저 입법계품의 소초, 다음에는 세주묘엄품 소초에서 이세간품 소초까지, 마지막으로 소초 현담을 번역하였다.
번역의 형식은 직역으로 한 글자도 빠뜨리지 않고 번역하였다. 따라서 어색하게 느껴지는 곳도 있을 것이다.
예를 들면 소所 자를 "바"라 하고, 지之 자를 지시대명사로 "이것, 저것"이라 하고, 이而 자를 "그러나"로 번역한 등이 그렇다.
판본은 징광사로부터 태동한 영각사본을 뿌리로 하였고, 대만에서 나온 본과 인악스님의 『잡화기』와 연담스님의 『유망기』와 또 다른 사기 『잡화부』(잡화부는 검자권부터 광자권까지 8권만 있다)를 대조하여 번역하였다.

앞에서 이미 말한 것처럼, 그 누가 청량국사의 『화엄경소초』를 완역한 적이 있었다면 나는 이 번역에 착수하지 않았을 것이다. 지금까지 이 황금보옥黃金寶玉의 『청량국사화엄경소초』가 번역되지 아니한 것은 나에게 주어진 시대적 사명이고 역사적 명령이라 생각한다.
나는 이 『청량국사화엄경소초』의 완역으로 불조의 은혜를 갚고 청량국사와 은사이신 문성노사 그리고 나를 낳아준 부모의 은혜를 일분 갚는다 여길 것이다.

끝으로 이 『청량국사화엄경소초』가 1,200년의 시간을 지나 이 세상에 눈뜨기까지 나와 인연한 모든 사람들 그리고 영산거사 가족과 김시열 거사님께 원력의 보살이라 찬언讚言하며, 나의 미약한 번역으로 선지자의 안목을 의심케 할까 염려한다.
마지막 희망이 있다면 이 『청량국사화엄경소초』의 완역 출판으로 청량국사에 대한 더욱 깊고 넓은 연구와 『화엄경』에 대한 더욱 다양한 연구가 이루어지기를 바라는 것뿐이다.
장세토록 구안자의 자비와 질책을 기다리며 고개 들어 다시 저 멀리 거제만을 바라본다.
여전히 변함없는 저 거제만을.
2016년 8월 1일 절필시에 게송을 그리며

長廣大說無一字 장광대설무일자
無碍眞理亦無義 무애진리역무의
能所兩詮雙忘時 능소양전쌍망시
劫外一經常放光 겁외일경상방광

화엄경의 장대한 광장설에는 한 글자도 없고
화엄경의 걸림없는 진리에는 또한 한 뜻도 없다.
능전의 문자와 소전의 뜻을 함께 잊은 때에
시공을 초월한 경전 하나 영원히 광명을 놓누나.

불기 2565년 음력 1월 10일 최초 완역장
승학산 해인정사 관허 수진

● 화엄경소초현담華嚴經疏鈔玄談(1~8)

● 화엄경소초華嚴經疏鈔

　1. 세주묘엄품世主妙嚴品
　2. 여래현상품如來現相品
　3. 보현삼매품普賢三昧品
　4. 세계성취품世界成就品
　5. 화장세계품華藏世界品
　6. 비로자나품毘盧遮那品
　7. 여래명호품如來名號品
　8. 사성제품四聖諦品
　9. 광명각품光明覺品
　10. 보살문명품菩薩問明品
　11. 정행품淨行品
　12. 현수품賢首品
　13. 승수미산정품昇須彌山頂品
　14. 수미정상게찬품須彌頂上偈讚品
　15. 십주품十住品
　16. 범행품梵行品
　17. 초발심공덕품初發心功德品
　18. 명법품明法品

19. 승야마천궁품昇夜摩天宮品
20. 야마천궁게찬품夜摩天宮偈讚品
21. 십행품十行品
22. 십무진장품十無盡藏品
23. 승도솔천궁품昇兜率天宮品
24. 도솔천궁게찬품兜率天宮偈讚品
25. 십회향품十廻向品
26. 십지품十地品
27. 십정품十定品
28. 십통품十通品
29. 십인품十忍品
30. 아승지품阿僧祇品
31. 여래수량품如來壽量品
32. 보살주처품菩薩住處品
33. 불부사의법품佛不思議法品
34. 여래십신상해품如來十身相海品
35. 여래수호광명공덕품如來隨好光明功德品
36. 보현행품普賢行品
37. 여래출현품如來出現品
38. 이세간품離世間品
39. 입법계품入法界品

영인본 2책 盈字卷之一

대방광불화엄경수소연의초 제이권의 일권
大方廣佛華嚴經隨疏演義鈔 第二卷之一卷

우진국 삼장사문 실차난타 번역
청량산 대화엄사 사문 징관 찬술
대한민국 조계종 사문 수진 현토역주

세주묘엄품 제일의 이권
世主妙嚴品 第一之二卷

疏

自下大文은 第七에 稱揚讚德分이니 亦是發起序라

이 아래부터 큰 문장은 제 일곱 번째 공덕을 칭양하여 찬송하는 분이니,
또한 발기서發起序[1]이다.

鈔

第七에 稱揚讚德分은 一은 對十分之名이니 稱揚讚詠本師功德이요 二에 云亦是發起序者는 對三分科經이니 謂序正流通이라 一品은 是 序니 常途分二하나니 一證信이요 二는 發起라 今엔 以前六分으로 皆

---

[1] 발기서發起序라 한 것은, 영인본 화엄 2책, p.389, 8행에 첫 번째 서분 가운데 두 가지가 있다. 첫 번째는 이 국토(此土)의 서분이고, 두 번째는 시방의 끝없는 세계의 서분이다. 첫 번째 이 국토의 서분에 두 가지가 있나니 첫 번째는 증신서이다. 그리고 여기는 제 두 번째 발기서라는 것이다.

爲證信하고 此下四分으로 總爲發起니 讚揚은 發起佛德이요 出衆은 顯於佛用이니 發起大經이라 不同古德이 但用天地禎祥하야 爲發起也니라

제 일곱 번째 공덕을 칭양하여 찬송하는 분이라고 한 것은, 첫 번째는 십분十分²의 이름을 상대한 것이니,
본사本師의 공덕을 칭양하여 찬영讚詠한 것이요,
두 번째 또한 발기서라고 말한 것은 삼분과경三分科經을 상대한 것이니,
말하자면 서분과 정종분과 유통분이다.
이 한 품은 서분이니,
보통(常途)³ 두 가지로 분류하나니
첫 번째는 증신서證信序⁴요, 두 번째는 발기서發起序이다.
지금에는 앞의 육분六分으로써 다 증신서를 삼고, 이 아래 사분四分으로 모두 발기서를 삼나니,
찬양讚揚⁵하는 것은 부처님의 공덕을 발기하는 것이요,

---

2 십분十分이란, 처음 교기인연분敎起因緣分 가운데 나아가 십분十分으로 나눈 것이니 영인본 화엄 2책, p.397, 5행에 이미 설출하였다.
3 원문에 상도常途는 보통의 길, 전하여 보통의 일이라고도 한다. 또 상도常道는 영원한 길, 영원한 도리, 즉 불변의 법칙을 말한다고도 한다. 그러나 여기서는 보통, 보편의 뜻으로 쓴다.
4 증신서證信序란, 영인본 화엄 2책, p.389, 8행에 초는 증신서라 하였다. 원문으로는 如是我聞이 증신서에 해당한다. 영인본 화엄 2책, p.398, 1행에 있다.
5 찬양讚揚이라고 한 등은, 말하자면 이 단은 공덕의 모습을 나타내고 다음

대중이 출흥하는 것은 부처님의 작용을 나타내는 것이니
대경大經⁶을 발기하는 것이다.
고덕古德이 다만 천지天地의 정상禎祥⁷을 인용하여 발기서를 삼은 것과는 같지 않은 것이다.

단은 업의 작용을 내나니, 곧 공덕의 모습의 십현(德相+玄)과 업의 작용의 십현(業用+玄)이 이것이 지금에 『화엄경』의 종 삼는 바인 까닭으로 이 이단二段이 또한 발기서가 됨을 얻는 것이다. 역시 『잡화기』의 말이다.
6 대경大經은 『화엄경』이다.
7 禎은 상서 정이니, 정상은 상서롭다는 뜻이다.

經

爾時에 如來道場에 衆海가 悉已雲集하니

그때에 여래의 도량에 대중이 다 이미 구름처럼 모이(雲集)니

疏

文中有三하니 第一은 總結威儀住요 第二에 此諸衆下는 總顯德行因緣이요 第三에 所謂下는 別明得法讚佛이라 前中有三하니 初結衆集이요 次明相異요 後顯意同이라 今初는 數廣德深故로 名衆海니 起於自地하야 集空道場호대 多數大身이 重重無礙호미 雲之象也니라 又浮雲無心이나 龍吟則起하고 菩薩無住나 佛現爰來니라

문장 가운데 세 가지가 있나니
첫 번째는 위의를 갖추고 와서 머무는 것을 모두 맺는 것이요,
두 번째[8] 이 모든 대중이라고 한 아래는 덕행德行의 인연을 한꺼번에 나타낸 것이요,
세 번째[9] 말하자면 묘염해 대자재천왕이라고 한 아래는 법을 얻어 부처님을 찬송하는 것을 따로 밝힌 것이다.
앞의 첫 번째 가운데 세 가지가 있나니

---

8 두 번째는 영인본 화엄 2책, p.695, 3행이다.
9 세 번째는 영인본 화엄 2책, p.709, 7행이다.

처음에는 대중이 운집하는 것을 맺는 것이요,
다음에는 모습이 다른 것을 밝힌 것이요,
뒤에는 뜻이 같은 것을 나타낸 것이다.

지금은 처음으로 대중의 수가 넓고 공덕이 깊은 까닭으로 중해衆海라 이름하나니,
자기의 자리(自地)에서 일어나 허공의 도량에 모였으되[10] 수많은 대신大身[11]들이 중중重重으로 걸림이 없는 것이 구름의 모습과 같다.
또 뜬구름은 일어날 마음이 없지만 용이 부르면 곧 일어나고, 보살은 머무를 마음이 없지만 부처님이 나타나면 이에 와서 머무는 것이다.

---

10 허공의 도량이라고 한 것은, 곧 여래의 도량이니, 허공의 대중이 구름처럼 모여와 여래의 道場에 모이는 것이다. 이것은 법(대중)과 비유(허공·도량)를 합하여 말한 것이다.
11 대신大身이란, 세주世主들이다.

經

無邊品類가 周匝遍滿하며 形色部從이 各各差別하야

끝없는 품류品類들이 두루 돌아 가득히 자리하였으며,
형체와 안색과 거느리는 사람과 따르는 사람들이 각각 차별하여

疏

二에 無邊下는 相異也라 不唯上列일새 故云品類無邊이라하고 旋環不空일새 故云周匝遍滿이라하고 大小等形과 姸媸等色과 部主徒從이 各有區分일새 故云差別이라하니라

두 번째 끝없는 품류라고 한 아래는 모습이 다른 대중이다.
오직 위에서 이름을 열거한 대중[12]뿐만이 아니기에 그런 까닭으로 말하기를 품류가 끝이 없다고 하였고,
돌아오되[13] 빈틈이 없기에 그런 까닭으로 말하기를 두루 돌아 가득히 자리한다 하였고,
크고 작은 등의 형체와 어여쁘고 추한 등의 안색과 거느리는 군주와

---

12 위에서 이름을 열거한 대중이라고 한 것은, 영인본 화엄 2책, p.567, 3행에 이름을 열거하고 그 숫자를 맺는 가운데 이름을 열거한 것이니, 경문에 그 이름을 말하면 보현보살과 운운한 것이다.
13 원문에 선환旋環은 선귀旋歸이니, 고리처럼 원형을 이루며 두루 돌아 모여 온다는 뜻이다.

따르는 무리들이 각각 구분이 있기에 그런 까닭으로 말하기를 차별하다 하였다.

經

隨所來方하야 親近世尊하고 一心瞻仰하나라

온 바 방소를 따라 세존을 친근하고 일심으로 우러러보았습니다.

疏

三에 隨所下는 意同也라 隨所來方하야 參而不雜하고 皆得見佛호대 各對目前하나니 其猶百川에 各全覩月하야 同無異念일새 故曰 一心이라하나라 諦矚欽承하야 瞻而且仰하나니 不唯直覩丈六이라 乃徹見法界身雲하나라

세 번째 온 바 방소를 따라서라고 한 아래는 뜻이 같은 것이다. 온 바 방소를 따라 섞이지만 혼잡하지 않고 다 부처님을 친견함을 얻되 각각 목전에 대하듯 하나니,[14]
그것은 마치 백천百川에서 각각 온전하게 달을 보는 것과 같아서 다 같이 다른 생각이 없기에 그런 까닭으로 일심一心이라 하였다. 자세히 보고[15] 흠모하는 마음이 이어져 보고 또 우러러보나니,[16]

---

14 각각 목전에 대하듯 한다고 한 등은, 부처님은 원회圓回의 몸이 있는 까닭이라고 『잡화기』는 말한다.
15 원문에 제촉諦矚은 살펴서 똑똑히 본다는 뜻이니, 나는 자세히 본다고 해석하였다.
16 보고 또 우러러본다고 한 것은, 안연이 한숨 쉬며 탄식하여 말하기를 우러러보

오직 바로 장육금신丈六金身을 볼 뿐만이 아니라 이에 법계의 신운身
雲까지 사무쳐 보는 것이다.

疏

第二에 總顯德行因緣者는 以上列中에 隨宜別歎일새 今엔 方總
顯德行齊均이라 又與下別得法門으로 以爲總故며 前同生衆中에
共集善根으로 亦是別故니라 又前共集은 明主伴所由요 今曾攝
受는 顯眷屬所以니 影略其文하니라

제 두 번째 덕행의 인연을 한꺼번에 나타낸다고 한 것은, 위의
이름을 열거(列名)한[17] 가운데 마땅함을 따라 따로 찬탄하였기에[18]
지금에는 바야흐로 덕행이 가지런하고 균등함을 한꺼번에 나타낸
것이다.
또 아래에 따로 법문을 얻음[19]으로 더불어 총總이 되는 까닭이며,

면 더욱 높고 꿰뚫음에 더욱 견고하며, 보면 앞에 있는 듯하나 홀연히 뒤에
있다(顏淵喟嘆曰 仰之彌高 鑽之彌堅[聖] 瞻之在前 忽然在後) 하였다. 이것은 안연이
공자의 도를 찬탄한 것이다.

17 위의 이름을 열거(列名)한 것이란, 영인본 화엄 2책, p.567, 3행의 열명列名
이다.

18 마땅함을 따라 따로 찬탄하였다고 한 것은, 위의 이름을 열거한 가운데
각각 세주世主들의 이름을 열거하고 마지막에 그 세주들의 공덕을 따로
찬탄한 것을 말한다.

19 또 아래에 따로 법문을 얻었다고 한 것은, 영인본 화엄 2책, p.709, 8행에

앞의 동생 대중(同生衆) 가운데 함께 선근을 모은 것으로[20] 또한 별別이 되는 까닭이다.

또 앞에 비로자나로 더불어 함께 선근을 모은 것은 주主와 반伴[21]이 인유하는 바를 밝힌 것이요,

지금에 일찍이 비로자나의 섭수를 입은 것은[22] 권속이 되는 소이所以를 나타낸 것이니,

그 문장이 그윽이 생략된 듯하다.

第二에 總顯德行因緣은 先은 總彰大意라 何名總顯德行因緣고 先釋總顯이니 自有二義라 一은 望前爲總이니 前四十衆에 各隨所宜하야 以歎勝德이나 所歎則局이라 如歎海神云호대 佛功德海로 充滿其身等이어니와 今總顯四十衆德이라 二는 望後爲總이니 下四十衆이 得法各異어니와 今엔 總顯具德이라 前同生下는 躡跡成難이니 謂有

말하자면 묘염해 대자재천왕은 법계 허공계에 적정한 방편력의 해탈문을 얻는다 운운한 것이다.

20 앞의 동생 대중(同生衆) 가운데 함께 선근을 모은 것이라고 한 것은 영인본 화엄 2책, p.546, 2행의 집인集因의 열 가지 가운데 첫 번째이니, 즉 일찍이 비로자나여래로 더불어 함께 선근을 모은 까닭이라 한 것이니 보살은 동생 대중이고, 모든 신은 이생 대중이다.

21 주主는 부처님이고, 반伴은 보살 등이다.

22 지금에 일찍이 비로자나의 섭수를 입었다고 한 것은, 영인본 화엄 2책, p.701, 9행에 사섭사四攝事로써 일찍이 섭수한 이들이라 하였다.

難云호대 前顯同生에 云호대 皆與毘盧遮那로 共集善根이라하니 豈非總耶아할새 故今答云호대 前局同生하고 今該同異의 四十衆德이니 方得名總이라하니라 又前明共集下는 重通所難이니 非唯總別이 不等이라 實亦文意도 有殊하나니 前云共集은 與佛德齊일새 故爲主件이라 今曾攝受는 唯爲佛攝일새 故爲眷屬이라 爲分二義나 前略攝受하고 此略共集하니 可互影取일새 故云影略其文이라하니라

제 두 번째 덕행의 인연을 한꺼번에 나타낸다고 한 것은, 먼저는 한꺼번에 대의大意를 밝힌 것이다.
어떤 것을 이름하여 한꺼번에 덕행의 인연을 나타낸다 하는가.
먼저는 한꺼번에 덕행을 나타내는 것을 해석한 것이니,
스스로 두 가지 뜻이 있다.
첫 번째는 앞의 열명列名을 바라봄에 총總이 되는 것이니,
앞의 사십 대중에 각각 마땅한 바를 따라서 수승한 공덕을 찬탄하였지만 찬탄한 바가 곧 국한한 것이다.
마치 주해신(海神)[23]을 찬탄하는 데 말하기를 부처님의 공덕의 바다로 그 몸을 충만케 한다고 한 등과 같거니와, 지금에는 사십 대중의 공덕을 한꺼번에 나타낸 것이다.
두 번째는 뒤의 따로 법문을 얻은 것을 바라봄에 총總이 되는 것이니,
아래에 사십 대중이 법문을 얻은 것이 각각 다르거니와, 지금에는 공덕을 갖춘 것을 한꺼번에 나타낸 것이다.

---

23 마치 주해신(海神) 운운은 영인본 화엄 2책, p.637, 3행이다.

앞의 동생 대중이라고 한 아래는 자취를 밟아 비난非難함을 성립한 것이니,
말하자면 어떤 사람이 비난하여 말하기를, 앞의 동생 대중[24]을 나타내는 데 말하기를 다 비로자나여래로 더불어 함께 선근을 모았다 하였으니 어찌 총總이 아니겠는가 하기에, 그런 까닭으로 지금에 답하여 말하기를 앞에는 동생 대중에게만 국한하고, 지금에는 동생과 이생의 사십 대중의 공덕을 해라 하나니,
바야흐로 총總이라는 이름을 얻는 것이다 하였다.

또 앞에 함께 선근을 모은 것은, 주와 반이 인유하는 바를 밝힌다고 한 아래는 거듭 비난하는 바를 통석通釋한 것이니,
오직 총總과 별別이 같지 아니할 뿐만 아니라 진실로 또한 문장의 뜻도 다름이 있나니,
앞에 함께 선근을 모은다고 말한 것은 부처님의 공덕으로 더불어 가지런하기에 그런 까닭으로 주와 반이 되는 것이다.
지금에 일찍이 섭수를 입은 것이라고 한 것은 오직 부처님만이 섭수하기에 그런 까닭으로 권속이 되는 것이다.
두 가지 뜻으로 분류하지만 앞에서는 섭수攝受가 생략되었고 여기서는 함께 선근을 모은 것이 생략되었나니,
이 두 가지는 가히 서로 그윽이 취(影取)하였기에 그런 까닭으로 말하기를 그 문장이 그윽이 생략(影略)된 듯하다고 한 것이다.

---

[24] 앞의 동생 대중 운운은 영인본 화엄 2책, p.576, 8행이다.

經

此諸衆會는 已離一切煩惱와 心垢及其餘習하야 摧重障山하고 見佛無礙하며

이 모든 대중들은 이미 일체 번뇌와 마음의 때[25]와 그리고 나머지 습기를 떠나 중첩된 장애의 산을 꺾고 부처님의 걸림 없는 몸을 보았으며

疏

此文多勢하니 且分爲三하니라 初明離障見淨이요 二에 如是下는 受化根深이요 三에 種無量下는 德行圓備라 初後는 是因이요 中一은 是緣이니 以因奪緣하면 大衆自見이요 以緣奪因하면 佛力令見이니 因緣和合하야 無定親疎일새 故因緣間說이라 又初段은 德行現深이요 後二는 因緣宿著니 久攝今見일새 卽緣成因이요 感應道交일새 故常居佛會니라

이 문장은 문세文勢가 다단하나니
우선 분류하여 세 가지로 하겠다.
처음에는 장애를 떠나 부처님의 청정함을 봄을 밝힌 것이요,
두 번째 이와 같은[26] 대중이라고 한 아래는 교화를 받아 선근이

---

25 일체 번뇌煩惱는 번뇌장煩惱障이고, 마음의 때(心垢)는 소지장所知障이다.

깊은 이들이요,
세 번째 한량없는[27] 선근을 심었다고 한 아래는 덕행을 원만하게 구비한 것이다.
처음과 뒤는 이 원인(因)이요,
중간에 하나는 이 조연(緣)이니
원인으로써 조연을 빼앗으면 대중이 스스로 보는 것이요,
조연으로써 원인을 빼앗으면 부처님의 힘으로 하여금 보게 하는 것이니,
인연이 화합하여 친親·소疏를 결정할 수 없기에 그런 까닭으로 인연을 사이에 섞어 설한 것이다.
또 처음(初段)에는 덕행이 깊음을 나타낸 것이요,
뒤에 두 가지는 인연을 숙세에 쌓은[28] 것이니
구원겁토록 섭수함을 인하여 지금에 보기에 곧 조연(緣)이 원인(因)을 이루는[29] 것이요,
감동(感)하고 응대(應)하는 도道가 서로 사무치기에 그런 까닭으로 항상 부처님의 회상에 거처하는 것이다.

---

26 두 번째 이와 같은 운운은 영인본 화엄 2책, p.701, 8행이다.
27 세 번째 한량없는 운운은 영인본 화엄 2책, p.703, 4행이다.
28 著는 쌓을 저. 저축한다는 의미가 있다.
29 곧 조연(緣)이 원인(因)을 이룬다고 한 것은, 말하자면 부처님의 조연이 곧 이 원인이라고 한다면 곧 인연이 다름이 없어서 저 부처님에 속하는 까닭으로, 앞에 자기의 원인과 부처님의 조연으로 더불어서는 다름이 있는 것이라고 『잡화기』는 말한다. 보통은 조연은 부처님이고, 원인은 보살 대중이다.

鈔

此文多勢下는 二에 科判也라 言多勢者는 或可分三하며 或可分二니 二中立名이 亦可有異라 於中二하니 初는 科爲三이요 初後是因下는 科揀이라 又初段下는 對前且字하야 今爲二故요 久攝今見下는 亦是 科揀이라 上三分中에 二卽是緣이요 初後是因者는 約自行爲因하고 佛攝爲緣거니와 今得見佛은 由昔曾攝이니 攝卽親因이라 因緣旣著일새 爲感이요 昔旣曾攝일새 故應이니라

이 문장은 문세가 다단하다고 한 아래는 두 번째 과판科判이다. 문세가 다단하다고 말한 것은 혹은 가히 세 가지[30]로 나누기도 하며 혹은 가히 두 가지[31]로 나누기도 하나니,
두 가지로 나눈 가운데[32] 이름을 세운 것이 세 가지로 나눈 것과는 또한 가히 다름이 있는 것이다.
그 가운데 두 가지가 있나니
처음에는 과판하여 세 가지로 한 것이요,

---

[30] 세 가지란, 一은 이장견정離障見淨이고, 二는 수화근심受化根深이고, 三은 덕행원비德行圓備이다.
[31] 두 가지란, 一은 덕행현심德行現深이고, 二는 인연숙저因緣宿著이다.
[32] 두 가지로 나눈 가운데라고 운운한 것은, 강사가 말하기를 두 가지로 나눈 가운데 이름을 세운 것이 세 가지로 나눈 가운데 이름을 세운 것으로 더불어 다름이 있다 하나, 어리석은 나는 두 가지로 나눈 가운데라고 한 것은 세 가지로 나눈 것과 그리고 두 가지로 나눈 것을 이 둘(二段)이라 하겠다. 역시 『잡화기』의 말이다

처음과 뒤는 이 원인(因)이라고 한 아래는 앞의 과판을 헤아려 가린 것이다.

또 처음(初段)이라고 한 아래는 앞의 우선이라는 글자(且字)를 상대하여 지금에 두 가지로 나눈 까닭이요,
구원겁토록 섭수함을 인하여 지금에 본다고 한 아래는 역시 앞의 과판을 헤아려 가린 것이다.

위에 세 가지로 나눈 가운데 두 번째[33]는 곧 이 조연이요, 처음과 뒤는 이 원인이라고 한 것은 자기의 수행을 잡아 원인을 삼고 부처님이 섭수함으로 조연을 삼았거니와,
지금에 부처님을 친견함을 얻은 것은 옛날에 일찍이 섭수함을 인유한 것이니
섭수하는 것이 곧 친견하는 원인(因)이다.[34]
인연을 이미 쌓았기에 감동하고,
옛날에 이미 일찍이 섭수하였기에 그런 까닭으로 응대하는 것이다.

---

33 원문에 二는 소문에 중간이라 하였고, 인용한 문장도 소문과 바뀌었다. 소문에는 처음과 뒤는 이 인이요, 중간에 하나(二)는 이 연이라 하였으니 비교하여 보라.
34 섭수하는 것이 곧 친견하는 원인(因)이라고 한 것은, 소문 가운데 곧 조연이 원인을 이루는 것이라 한 것이다.

疏

今初에 離障見淨者는 煩惱는 卽煩惱障也요 心垢는 卽所知障也니 此障翳心하면 迷所知故니라 言一切者는 謂分別俱生과 若種若現이요 言餘習者는 二障氣分이 麁重麁重이니 如畢陵上慢과 迦葉不安하니라 今皆位極菩薩이 智現情亡하며 證理達事하야 心鏡瑩淨일새 故云已離라하니라 若諸位圓融인댄 一斷一切斷이니 亦通初位니라

지금은 처음으로 장애를 떠나 부처님의 청정함을 본다고 한 것은, 번뇌라고 한 것은 곧 번뇌장이요,
마음의 때라고 한 것은 곧 소지장이니,
이 장애가 마음을 가리면 소지所知를 미迷하는 까닭이다.
일체라고 말한 것은 분별分別과 구생俱生과 혹 종자種子와 혹 현행現行이요,
나머지 습기라고 말한 것은 이장二障의 기분氣分[35]이 추중麁重 가운데 추중麁重[36]이니,
마치 필릉가바차[37]의 높은 교만과 가섭존자[38]의 불안不安함과 같다.

---

35 기분氣分이란, 습관의 기분이다.
36 추중추중麁重麁重이란 추중지추麁中之麁니, 즉 추번뇌 가운데 추번뇌라는 것이다.
37 필릉가바차라 운운한 것은, 필릉가바차는 번역하면 여습餘習이다. 본래 양반집 사람으로 출가하여 아라한과를 얻었지만 교만의 습기가 남아 있었기에 필릉가바차의 높은 교만이라 한 것이다. 한때 필릉가바차가 눈병이 생겼으나

지금에는 다 지위가 다한(位極) 보살이 지혜가 나타나고 망정妄情이 없으며 진리를 증득하고 사事를 요달하여 마음의 거울이 밝고 맑기에 그런 까닭으로 말하기를 이미 떠났다고 하였다.

만약 모든 지위가 원융하다면 하나를 끊음에 일체를 끊으리니 또한 초위初位[39]에도 통하는 것이다.

言一切者는 謂分別俱生과 若種若現者는 謂二障各二니 一者는 分

걸식코자 평소와 같이 항하 강물을 건너가는데, 수변水邊에 이르러 손가락을 퉁겨 말하기를 소비小婢야, 물이 흐르지 않고 머물게 하라 하면 물이 곧 두 갈래로 갈라지고 그 뒤에 건너가더니, 그 강신이 하루는 부처님 처소에 이르러 위와 같은 사실을 말하니, 부처님이 가바차를 불러 참회케 하신대, 가바차가 합장하고 부처님을 향하여 참회하여 말하기를 소비야, 내가 그대에게 참회하고 사과한다 하니, 대중이 웃으면서 말하기를 참회한다더니 하며 다시 꾸짖었다. 그때 부처님이 그 강신에게 말하기를 저 사람이 오백생을 바라문가家에 태어나 항상 스스로 귀한 척 교만하고 다른 사람을 천하게 여긴 까닭으로 이와 같이 할지언정 마음은 곧 교만이 없다 하였다. 이상은 『잡화기』의 말이다. 이 일화는 『지도론』 제2권에서 나온 말이나, 아래 야자권 夜字卷 64장에 신자身子의 일화와 더불어 간략하게 인용되어 있기도 하다. 소비小婢는 항하 강신江神을 말한다.

38 가섭존자 운운은, 영산회상에서 긴나라왕이 부처님께 음악을 헌공하거늘 가섭이 일어나 춤을 추니, 오백생을 비파를 탄 사람이라 한 까닭이다. 그런 까닭으로 저 가섭 스스로가 말하기를, 삼계에 오욕을 내가 이미 끊어 마쳤으나 도리어 이 일에 능히 편안치 못함이라 하였다. 역시 『잡화기』의 말이다.

39 초위初位는 십주 초위이니, 초주가 원융하다면 성불하는 까닭이다.

別이니 爲因邪師邪敎와 及邪思惟니 此見道斷으로 入初地時에 便永
斷盡이요 二者는 俱生이니 不由上二하고 生而便有니 此修道斷으로
地地斷之니라 此又二種이니 一者는 現行이요 二者는 種子니 若所知
現行인댄 地地斷之하고 若煩惱現行이라도 亦地地斷거니와 煩惱種
子는 直至金剛定斷이니라 二障氣分이 麤重麤重者는 二障氣分은 卽
熏習所成이니 揀異現障일새 故云習氣라하니라 習氣有二하니 謂因
與果라 於現起障에 能爲因者는 亦名種子니 此因習氣는 根本智斷하
고 斷此因已에 現不起故니라 不起現因이나 但麤重者는 唯名習氣니
此果習氣는 後得智斷하고 斷現麤重에 知現無故니라 言麤重者는 違
細輕故라 麤重有三하니 一은 現起麤重이니 貪等令心으로 無堪任故
요 二는 種子麤重이니 煩惱種子가 障諸智故요 三은 麤重麤重이니
實非煩惱나 似煩惱故니 如身子瞋習과 畢陵慢習等이라 今卽第三이
니 以經云餘習故라하며 又位極故라하니라 前二는 卽是一切中攝이니
故疏釋云호대 若種若現이라하니라 上言已斷은 卽有能斷之道하니
揀異伏道일새 故云已斷이라하니라 斷道有二하니 一은 根本無分別
智로 親證二空所顯眞理하야 無境相故로 能斷二障의 種子現行이요
二는 後得無分別智로 雖不親證하야 無力能斷迷理隨眠이나 而於安
立과 非安立相에 明了現前하야 無倒證故로 亦能永斷彼修所斷인
迷事隨眠이니 上來는 皆是唯識論意니라

일체라고 말한 것은, 말하자면 분별과 구생과 혹 종자와 혹 현행이라
고 한 것은 말하자면 이장二障이 각각 두 가지이니[40]
첫 번째는 분별이니,

40 이장二障이 각각 두 가지라고 한 등은, 이것은 유식종의 두 가지 집착을 함께 다스리는 뜻이니, 저 『유식론』에 말하기를 번뇌장 가운데 견도 위에서 끊을 바 종자는 극희지極喜地의 견도초에서 끊고, 저 번뇌장 가운데 현재 생기하는 것은 십지 이전에 이미 절복한 것이요, 수도위에서 끊을 바 종자는 저 십지 가운데서 점점 절복하고 끊어 제멸하지만 금강유정이 앞에 나타날 때 일체를 문득 다 끊는 것이요, 저 번뇌장 가운데 현재 생기하는 것은 십지 이전에 점점 절복하여 초지 이상에 능히 문득 다 절복하여 하여금 영원히 행하지 않게 하는 것이 아라한과 같지만, 고의故意적 힘을 인유하여 앞의 칠지七地 가운데 비록 잠깐 현재 생기하지만 허물이 되지 않고, 팔지 이상에는 필경에 행하지 않는 것이다.

소지장 가운데 견도위에서 끊을 바 종자는 극희지의 견도 초에서 끊고, 저 소지장 가운데 현재 생기하는 것은 십지 이전에 이미 절복한 것이요, 수도위에서 끊을 바 종자는 저 십지 가운데서 점차 끊어 제멸하지만 금강유정이 앞에 나타날 때 바야흐로 영원히 끊는 것이요, 저 소지장 가운데 현재 생기하는 것은 십지 이전에 점점 절복하여 내지 십지에서 바야흐로 하여금 다 절복한다 하니, 평評하여 말하기를 함께 다스린다고 한 뜻은 보통과 같이 가히 알 수 있겠으나 그러나 그 가운데 구생번뇌의 현행이 비지보살悲智菩薩을 따라 끊는 지위가 같지 않나니, 말하자면 지증보살智增菩薩이라면 곧 이지二地에서 점점 현행을 끊어 분단신分段身을 받지 않고 오직 종자에만 머물러 변역신變易身을 받다가 금강위에 이르러 영원히 끊는 것이요, 비悲·지智가 평등하면 곧 현행에 머물렀다가 육지六地에 이르러 곧 끊고, 또한 종자에 머물렀다가 금강위에 이르러 끊는 것이다. 만약 비증보살悲增菩薩이라면 중생을 제도하려는 마음이 편중된 까닭으로 팔지에 이르러야 바야흐로 현행을 끊나니, 저 『유식론』에 이미 말하기를 팔지 이상에는 필경에 행하지 않는다고 한 것은 곧 또한 비증보살을 잡아 말한 것일 뿐이다. 나머지는 여자권麗字卷 초 8장과 옥자권玉字卷 34장을 볼 것이다. 이상은 『잡화기』의 말이다. 이장이 각각 두 가지라고 한 것은 번뇌장에 분별과 구생이 있고,

삿된 스승과 삿된 가르침과 그리고 삿된 사유를 인유하나니, 이것은 견도위見道位에서 끊는 것으로 초지初地에 들어갈 때 문득 영원히 끊어 다하는 것이요,

두 번째는 구생[41]이니,

위에 두 가지를 인유하지 않고 태어나면서부터 문득 있는 것이니, 이것은 수도위修道位에서 끊는 것으로 매 지위 지위에서 끊는 것이다.

이 이장二障이 또 두 가지가 있나니

첫 번째는 현행이요,

두 번째는 종자이니

만약 소지장의 현행[42]이라면[43] 매 지위 지위에서 끊고, 만약 번뇌장의 현행이라도 역시 매 지위 지위에서 끊거니와, 번뇌장의 종자[44]는 바로 금강유정金剛喩定에 이르러 끊는 것이다.

이장의 기분이 추중추중이라고 한 것은, 이장의 기분은 곧 훈습薰習으로 이루어진 바이니

소지장에도 또한 분별과 구생이 있는 것을 말한다.
41 구생이란, 선천적으로 태어나면서부터 갖추어 있는 번뇌를 말한다.
42 현행의 행行은 種(종) 자인 듯하다. 즉 소지장의 현행과 종자라면….
43 만약 소지장의 현행이라면이라고 한 것은 그윽이 종자가 있는 것이니, 십지 소문에 말하기를 소지장의 종자와 현행을 매 지위 지위에서 끊어 제멸한다 하였다. 역시 『잡화기』의 말이다.
44 번뇌장의 종자 운운은, 소승은 아란위에서 끊고 대승은 십지위에서 끊고 천태는 등각위에서 끊는다 하였다.

현행의 이장二障⁴⁵과는 다름을 가리기에 그런 까닭으로 습기習氣라 말한 것이다.

습기에 두 가지가 있나니,

말하자면 원인(因)과 더불어 과보(果)이다.

현재에 장애가 일어나는 것에 능히 원인(因)이 되는 것은 또한 이름이 종자이니,

이것은 인습기因習氣는 근본지根本智로 끊고, 이 인습기를 끊은 이후에는⁴⁶ 현재에 장애가 일어나지 않는 까닭이다.

현재에 장애의 원인이 일어나지 않았지만⁴⁷ 다만 추중麤重이라고 한 것은 오직 습기라고만 이름하나니,

이것은 과습기果習氣는 후득지後得智로 끊고,⁴⁸ 현재에 추중麤重⁴⁹번

---

45 현행의 이장二障이라고 한 것은 현행장現行障이고, 습기에 두 가지가 있다고 한 등은, 지금 경의 뜻은 곧 제 두 번째 과과에 해당하는 것이다.
46 이 인습기를 끊은 이후라 운운한 것은, 이 인습기가 현재 장애를 일으키는 원인이 됨을 해석하여 성립한 것이다. 역시 『잡화기』의 말이다.
47 현재에 장애의 원인이 일어나지 않는다고 한 것은 현행을 일으키는 원인이 되지 아니함을 말한 것이니, 역시 『잡화기』의 말이다.
48 후득지後得智로 끊는다고 한 것은, 만약 두 가지 습기의 자체를 논한다면 과습기가 인습기보다 작고 가볍(細輕)거늘, 지금에는 도리어 근본지로 인습기를 끊고 후득지로 과습기를 끊는다고 한 것은 대개 인습기는 잠잠히 숨어 나타나지 않고 과습기는 나타나 작용을 짓는 까닭이다.
    현재에 추중麤重번뇌를 끊는다 운운한 것은 이 습기가 현행장의 원인이 되지 아니함을 해석하여 성립한 것이니, 그 뜻에 말하기를 이미 이 현재에 나타난 추중 과습기를 끊으면 다만 현재 나타난 추중의 과습기만 없는 것이고, 앞의 인습기 가운데 인습기를 끊어 현재 일어나지 않는다고 한 것과는 같지

뇌를 끊음에 현재에 없는 줄 아는 까닭이다.

추중麤重이라고 말한 것은 세경細輕[50]과는 위반違反되는 까닭이다.

추중에 세 가지가 있나니,

첫 번째는 현재 일어나는 것이 추중이니,

탐욕 등이 마음으로 하여금 감당할 수 없게 하는 까닭이요,

두 번째는 종자가 추중이니,

번뇌의 종자가 모든 지혜를 장애하는 까닭이요,

세 번째는 추중 가운데 추중이니,[51]

진실로는 번뇌가 아니지만 번뇌인 듯한 까닭이니,

신자身子의 진심[52]의 습기와 필릉가바차의 교만의 습기 등과 같다.

지금에는 곧 제 세 번째이니,

경에 나머지 습기라고 말한[53] 까닭이며

않는 줄 안다면 곧 이것은 다만 추중 과습기뿐이고 현행을 일으키는 원인이 되지 않는 줄 분명히 알 것이다. 이상은 역시 『잡화기』의 말이다.

49 추중은 과습기이다.

50 『잡화기』에는 세경이란, 智의 뜻이고, 혹은 理의 뜻이라 하였다. 위반이라고 한 것은 추는 세의 위반이고, 경은 중의 위반이다.

51 세 번째는 추중 가운데 추중이라고 한 것은, 위에 추중은 앞에 첫 번째 현재 일어나는 추중과 두 번째 종자 추중을 가리키는 것이고, 아래 추중은 곧 습기의 당체를 나타낸 것이다. 역시 『잡화기』의 말이다.

52 신자身子의 진심이라고 한 것은, 나계범왕螺髻梵王이 사리불舍利佛에게 눈을 주라고 하니 사리불이 눈을 뽑아주었다. 그러자 나계螺髻가 즉시에 그 눈을 밟아버렸다. 그때 사리불이 참으로 대승행大乘行을 하기 힘들다 하고는 진심嗔心을 낸 것을 말한다. 이것은 『지도론』의 말로서, 아래 야자권夜字卷 상권, 64장, 초문에 인용한 것과 같다.

또 소문에 지위가 다했다고 말한[54] 까닭이다.

앞에 두 가지는 곧 이 일체라고 한 가운데 섭속되나니,

그런 까닭으로 소문에 해석하여 말하기를 혹 종자와 혹 현행이라 하였다.

위에서 이미 끊었다고 말한 것은[55] 곧 능단能斷의 도道가 있나니, 복난伏難의 도道와 다름을 가리기에 그런 까닭으로 말하기를 이미 끊었다고 하였다.

끊는 도道에 두 가지가 있나니,

첫 번째는 근본 무분별지로, 이공二空의 나타난 바 진리를 친히 증득하여 경계의 모습이 없는 까닭으로 능히 이장二障의 종자와 현행을 끊는 것이요,

두 번째는 후득 무분별지[56]로, 비록 친히 증득하지 못하여 능히

---

53 경에 나머지 습기라고 한 것은, 바로 앞에 경문이니 영인본 화엄 2책, p.695, 3행이다.

54 지위가 다했다고 말한 것은, 소문에 지위가 다한 보살이 지혜가 나타나고 망정이 없다 한 것이다.

55 위에서 이미 끊었다고 말한 것이란, 『잡화기』에 말하기를 경문 가운데 이미 떠났다(已離)는 말을 뜻으로 첩석한 것이니 일체 번뇌라는 등의 말 위(已離一切 煩惱 心垢云云)에 있는 까닭으로 위(上)에라 말하는 것이다 하였다.

56 두 번째 후득 무분별지라 한 무분별은, 『회현기』 25권 20장, 7행에는 유분별有分 別이라 하였으니 저기서는 안립진여를 반연하는 측면을 의거한 것이고, 여기서 무분별이라 한 것은 비안립진여를 반연하는 측면을 의거한 것이니 서로 한 측면만 거론한 것이다. 이러한즉 근본지는 오직 무분별뿐이고, 후득지는 분별과 무분별은 갖추고 있다 하겠다. 역시 『잡화기』의 말이다.

진리를 미한 수면隨眠[57]을 끊을 힘은 없지만 그러나 안립安立과 비안립非安立[58]의 모습에 현전現前함을 분명하게 알아 거꾸로 증득함이 없는 까닭으로 또한 능히 저 수도위修道位에서[59] 끊을 바 사실(事)을 미한 수면[60]을 영원히 끊나니,

상래上來의 말은 다『유식론』의 뜻이다.

更有釋者하니 所知障中에 亦有二種하니라 一은 於所知境을 而能爲障이니 卽是不染汚하야 無知언정 而非法執이니 如於五明處에 有所未解면 但是無知언정 何曾有執가하니라 然唯識云호대 由我法執하야 二障俱生하나니 若證二空하면 彼障隨斷者는 據見道의 分別障說이니 以證空理하야 而斷障故니라 言是障而非執者는 據修道斷의 俱生障說이니 以遍知有하야 成種智故니라 上來는 所知之障이라 二는 所知卽障일새 名所知障이니 此體는 卽是善心心所라 以彼空有의 二相未除하야 帶相觀心하나니 有所得故니라 前據了俗하고 此據證眞하나

---

57 진리를 미한 수면隨眠이란, 견도위에서 끊는 번뇌(수면)이다.
58 안립安立은 사제이고, 비안립非安立은 진여이다.
59 저 수도위修道位에서 끊을 바 사실을 미한 수면이라고 한 것은, 대개 소지장은 진리를 미하고 사실을 미하는 것이 함께 있지만 그러나 번뇌장은 다만 사실을 미하는 것만 있나니, 지금에 이미 다만 수도위에서 끊을 바 사실을 미한 수면이라고 말하였다면 곧 이장二障 가운데 사실을 미한 것에 통하는 것이다. 역시『잡화기』의 뜻이다.
60 사실을 미한 수면이란 수도위에서 끊는 번뇌이니, 진리를 미했다는 진리는 사제의 진리이고, 사실을 미했다는 사실은 삼라만상의 사실이다. 수면이란 번뇌를 따라 면복眠伏하는 장식이다. 면복하여 있기에 수면이라 한다.

니 說名智障이라 此障對治가 亦有二種하니 一者는 解有요 二者는 達空이니 空有俱明하야사 名遍知故니라 然唯識正義는 唯所知之障이어니와 今就理通일새 故亦用之니라 問이라 永斷習氣는 唯是如來거늘 云何此衆이 皆云已斷고 答이라 此有二釋하니 一은 約法相이니 全分離盡은 唯是如來거니와 若據分離인댄 亦通菩薩이니 經說三種麤重을 三位斷故니라 解深密經에 說三麤重하니 一者는 在皮니 初地卽斷이요 二者는 在膚니 八地方斷이요 三者는 在骨이니 唯佛地斷이라 雖則餘位에는 亦斷麤重이나 而三位顯일새 是故偏說이니 初地는 捨凡入聖位故요 八地는 無漏常相續故요 佛地는 果滿頓得捨故니라 又此卽是八地菩薩일새 故云斷也이니라 二는 約圓融이니 如疏文顯하니라

다시 해석이 있나니[61]

소지장 가운데도 또한 두 가지가 있다.

첫 번째는 소지所知의 경계를 능히 장애하는[62] 것이니,

곧 오염되지 않아서 알지 못하는 것[63]일지언정 법에 집착[64]하는 것이

---

61 다시 해석이 있다고 한 것은, 『잡화기』에 말하기를 위에서 인용한 바 한 가지 해석은 곧 이 유식의 바른 뜻이고, 이 아래 인용한 바 두 가지 해석은 곧 저 『유식론』의 나머지 해석이다 하였다.

62 소지所知의 경계를 능히 장애한다고 한 것은, 알아야 할 바 경계를 분별과 구생이 능히 장애한다는 것이다.

63 오염되지 않아서 알지 못하는 것이라고 한 것은, 곧 근본무명이니, 다만 장애하여 덮는 것만 있을 뿐 그 법에 집착하는 것은 없다고 『잡화기』는 말한다. 불염오무지는 염오무지와 더불어 이무지二無知의 하나이다.

아니니,

마치 오명처五明處에 아직 알지 못하는 바가 있으면 다만 알지 못하는 것일지언정, 어찌 일찍이 잘못 알아 법에 집착함이 있겠는가 한 것과 같다.

그러나 『유식론』에 말하기를[65] 아집과 법집을 인유하여 이장二障이 함께 생기나니,

만약 이공二空을 증득하면 저 이장二障이 따라 끊어진다고 한 것은 견도위見道位의 분별장分別障을 의거하여 설한 것이니,

공의 이치를 증득하여 장애를 끊는 까닭이다.

---

64 법집이란, 아집의 상대이니 소지장이고, 아집은 번뇌장이다. 법집은 법이 없는데 있다고 고집하는 것이고, 아집은 아我가 없는데 있다고 고집하는 것이다.

65 그러나 『유식론』에 운운한 것은, 이 위에는 곧바로 오명처를 인용하여 해석한 것이 있고, 여기는 곧 초가가 비난함을 통석한 것이니, 비난하여 말하기를 이미 만약 이 장애가 법집法執이 아니라고 한다면 어떻게 본 『유식론』에서 말하기를 이집二執을 의지하여 이장二障을 일으킨다 하는가 하기에 그런 까닭으로 여기에 통석한 것이니, 통석한 뜻에 말하기를 본 『유식론』에 이집이 곧 이장이라고 말한 것은 분별장을 의거하여 말한 것이니 분별은 집착(고집)의 뜻이 있는 까닭이요, 어떤 스님이 이 이장이 이집이 아니라고 말한 것은 구생장을 의거하여 말한 것이니 구생은 집착의 뜻이 없는 까닭이다. 그런 까닭으로 두 가지 뜻이 서로 어기지 않는 것이다. 평評하여 말하기를, 어떤 스님이 이미 오염되지 않아서 알지 못하는 것이라 말하였거늘 초가가 법집이 구생(俱生: 선천적으로 나면서부터 갖추어 있는 것)이라 가리켰나니, 상종에서 말한 바 법집이 바로 근본무명(不染汚無知)을 갖추고 있는 줄 족히 알 것이다. 다 『잡화기』의 말이다.

이 장애가 법집이 아니라고 말한 것은 수도위修道位에서 끊은 구생장俱生障을 의거하여 설한 것이니,
두루 유有를 알아[66] 종지種智를 이루는 까닭이다.
상래에 설한 것은 소지의 장이다.
두 번째는 소지所知가 곧 장障이기에 이름을 소지장이라 하나니,
이 자체는 곧 선善의 심心과 심소心所이다.
저 공과 유有의 이상二相을 아직 제멸하지 못하여 이상二相을 띠고 마음을 관찰하나니,
얻을 바가 있는 까닭이다.
앞에는 속제俗諦를 요달함을 의거하고, 여기는 진제眞諦를 증득함을 의거하나니
이름을 지장智障이라 설하는 것이다.
이 장애를 대치對治하는 것이 역시 두 가지가 있나니,
첫 번째는 유有를 아는 것이요,
두 번째는 공空을 통달하는 것이니,
공과 유를 함께 밝혀야 두루 안다고 이름하는 까닭이다.
그러나 『유식론』의[67] 바른 뜻은 오직 소지所知의 장障이거니와, 지금

---

66 두루 유有를 안다고 한 것은, 이것은 곧 저 일체 사실의 있는 법에 알지 못하는 바가 없는 까닭으로 두루 안다 말한 것이니, 下文의 2행(영인본 화엄 2책, p.700, 2행)에 공과 유를 함께 밝혀야 두루 안다고 이름한 것과는 같지 않는 것이다. 역시 『잡화기』의 말이다.
67 그러나 『유식론』이라고 한 등은, 그 뜻에 말하기를 저 『유식론』의 바른 뜻은 곧 오직 처음에 한 가지 해석인 소지의 장뿐이나 그러나 지금에 진리에

에는 진리에 나아가 통석하기에 그런 까닭으로 또한 뒤에 뜻도 인용하였다.

묻겠다. 영원히 습기를 끊은 것은 오직 이 여래뿐이거늘, 어떻게 여기 모인 대중이 다 이미 끊었다고 말하는가.
답하겠다. 여기에 두 가지 해석이 있나니
첫 번째는 법상을 잡은 것이니,
완전히 떠나 다한 것은 오직 여래뿐이거니와, 만약 부분적으로 떠난 것을 의거한다면 또한 보살에게도 통하나니,
『해심밀경』에 세 가지 추중을 삼위三位에서 끊는다고 설한 까닭이다.
『해심밀경』에 세 가지 추중麤重을 설하였으니
첫 번째는 가죽에 있나니 초지初地에서 곧 끊고,
두 번째는 살갗에 있나니 팔지八地에서 바야흐로 끊고,
세 번째는 뼛속에 있나니 오직 불지佛地에서만 끊는 것이다.
비록 곧 나머지 지위에서도 또한 추중번뇌를 끊기는 하지만, 삼위三位를 나타내기에 이런 까닭으로 치우쳐 설한 것이니,
초지는 범부를 버리고 성인에 들어가는 지위인 까닭이요,
팔지는 무루지無漏智가 항상 상속하는 까닭이요,
불지는 불과佛果가 원만하여 문득 버림을 얻는 까닭이다.

나아가 통석한 까닭으로 또한 뒤에 두 가지 뜻도 인용하였다는 것이다. 역시 『잡화기』의 말이다.

또 여기 모인 보살들은 곧 팔지보살이기에 그런 까닭으로 말하기를 끊었다고 한 것이다.
두 번째는 원융圓融을 잡은 것이니,
소문疏文에 나타난 것과 같다.[68]

疏

言摧重障山者는 通以喩顯이니 以能摧道로 摧二障山이니 障體堅厚하며 崇崒如山이니라 又別則智障菩提하고 惑障圓寂거니와 通則俱障이리라 及一切佛法일새 故名爲重이라 言見佛無礙者는 斷障果也라 然有二義하니 一은 就能見하야 以明無礙니 由斷二礙하야 智明理顯이니 理顯故로 見法性身하고 智明故로 見佛智身하며 理智冥一하면 見無礙身하나니 無礙는 亦卽涅槃이라 二는 約所見하야 明無礙者인댄 具十無礙니 已如上說하니라

중첩된 장애의 산을 꺾었다고 말한 것은 통틀어 비유로써 나타낸 것이니,
능히 꺾는 도道로써 이장二障의 산을 꺾나니,
이장의 자체가 견고하고 두터우며 높이 솟은 것이 마치 산과 같은 것이다.
또 따로 해석한다면[69] 곧 지혜는 보리를 장애하고 번뇌(惑)는 원적圓寂

---

68 소문疏文에 나타난 것과 같다고 한 것은, 만약 모든 지위가 원융하다면 하나를 끊음에 일체를 끊는다 한 소문을 가리키는 것이다.

을 장애한다 할 것이어니와, 통틀어 해석한다면 곧 함께 장애한다 할 것이다.
일체 불법에까지 미치기에 그런 까닭으로 이름을 중첩이라고 하였다.

부처님의 걸림 없는 몸을 보았다고 말한 것은 장애의 결과를 끊은 것을 말한 것이다.
그러나 두 가지 뜻이 있나니,
첫 번째는 능견能見에 나아가 무애無礙를 밝힌 것이니,
두 가지 장애를 끊음을 인유하여 지혜가 밝아지고 이치가 나타나나니,
이치가 나타나는 까닭으로 법성의 몸을 보고, 지혜가 밝은 까닭으로 부처님의 지혜의 몸을 보며,
이치와 지혜가 명합하여 하나가 되면 걸림 없는 몸을 보나니,[70]
걸림이 없는 것은 또한 곧 열반이다.
두 번째는 소견所見을 잡아 무애無礙를 밝힌다면 열 가지 무애를 구족하나니,

---

69 또 따로 해석한다면이라고 한 등은, 이 위에서는 이장의 자체가 중후함을 잡아 말하였고, 여기서는 이장의 작용이 중후함을 밝힌 것이다고 『잡화기』는 말하고 있다.

70 걸림 없는 몸을 본다고 한 것은, 잠깐 본즉 흡사 이 뜻이 또한 소견이 무애함을 밝힌 것 같지만 그러나 대개 능견의 지혜가 무애한 까닭으로 저 소견의 부처님을 보는 것이 무애하나니, 곧 이것은 부처님 몸의 무애한 것이 이 능견자의 위에 있는 까닭으로 곧 이 능견에 나아가 부처님 몸의 무애함을 밝힌 것이다. 역시 『잡화기』의 말이다.

이미 위에서 설한[71] 것과 같다.

---

[71] 위에서 말한 것이란, 『현담』 현자권玄字卷 10장 이하를 말하는 것이다.

經

如是는 皆以毘盧遮那如來의 往昔之時에 於劫海中에 修菩薩行하야 以四攝事로 而曾攝受하니라

이와 같은 대중들은 다 비로자나여래가 지나간 옛날의 시절, 바다 같은 세월 가운데 보살의 행을 닦아서 사섭四攝의 일로써 일찍이 섭수한 이들입니다.

疏

第二에 如是下는 受化根深이라 於中에 初總後別이라 初中에 如是者는 指前斷障之衆이라 劫海者는 明攝時曠遠이라 言四攝者는 卽攝化之方이니 謂布施愛語利行同事라 布施는 是攝緣이니 與彼資持故요 愛語는 是攝體니 正示損益故요 利行은 是攝處니 安住善處故요 同事는 謂釋疑니 令彼決定故니라

제 두 번째 이와 같은 대중들이라고 한 아래는 교화를 받아 선근이 깊은 이들이다.
그 가운데 처음에는 한꺼번에 나타낸 것이요,
뒤에는 따로 나타낸 것이다.
처음 가운데 이와 같은 대중들이라고 한 것은 앞에 장애를 끊은 대중을 가리키는 것이다.

바다 같은 세월(劫海)이라고 한 것은 섭수한 시간이 넓고도 먼 것을 밝힌 것이다.
사섭이라고 말한 것은 섭수하여 교화하는 방법이니,
말하자면 보시布施와 애어愛語와 이행利行과 동사同事이다.
보시는 섭수하는 조연(緣)이니
저에게 재물을 주어 가지게 하는 까닭이요,
애어는 섭수하는 자체이니
바로 손해와 이익을 보이는 까닭이요,
이행은 섭수하는 처소이니
좋은 곳에 편안히 머물게 하는 까닭이요,
동사는 말하자면 의심을 풀어주는 것이니
저로 하여금 결정하게 하는 까닭이다.

鈔

布施는 是攝緣等者는 略示四攝之相이라 然瑜伽說各有九門하니 至賢首品하야 當略明之리라

보시는 섭수하는 조연이라고 한 등은 간략하게 사섭의 모습을 보인 것이다.
그러나 『유가론』에는 각각 구문九門[72]이 있다고 설하였으니,

---

72 구문九門은 一은 자성문自性門이니 행의 자체를 말하는 것이고, 二는 일체내문一切內門이니 능히 갖추어 행하는 것을 말하는 것이고, 三은 난행문難行門이니

현수품에 이르러 마땅히 간략하게 밝히겠다.

　그 가운데 나아가 따로 나타내는 것이고, 四는 일체문一切門이니 행이 차별한 것이고, 五는 선사문善士門이니 요익을 짓는 것이고, 六은 일체종문一切種門이니 성인의 가르침을 두루 섭수하는 것이고, 七은 수구문遂求門이니 수구하는 바를 따르는 것이고, 八은 여이세락문與二世樂門이니 현재에 이익을 짓는 것이고, 九는 청정문淸淨門이니 하여금 미래에 광대한 안락을 얻어 모습을 뛰어나 바라밀을 이루게 하는 것이다.

經

一一佛所에 種善根時에 皆已善攝하며 種種方便으로 敎化成熟하야 令其安立一切智道케하나라

낱낱 부처님의 처소에서 선근을 심을 때 다 이미 잘 섭수하였으며, 가지가지 방편으로 교화하고 성숙케 하여 그들로 하여금 일체 지혜의 도도道에 안립安立케 하였습니다.

疏

後에 一一下는 別示攝相이라 於中에 向言劫海에 曾攝는 何所攝耶아 謂一一佛所니라 何時攝耶아 種善根時니라 將何法攝아 謂種種方便이니라 攝相云何고 謂敎化成熟이니 敎化는 約始요 成熟은 就終이라 攝意云何고 令其安立一切智道니라 道者는 因也니 謂唯爲佛果하야 修佛因耳니라

뒤에 낱낱 부처님의 처소라고 한 아래는 따로 섭수하는 모습을 현시顯示한 것이다.
그 가운데 이 앞(向前)에서 바다 같은 세월에 일찍이 섭수하였다고 말한 것은 어느 곳에서 섭수하였다는 것인가.
말하자면 낱낱 부처님의 처소이다.
어느 때에 섭수하였다는 것인가.
선근을 심은 때이다.

어느 법을 가져 섭수하였다는 것인가.
말하자면 가지가지 방편이다.
섭수한 모습은 어떠하였는가.
말하자면 교화하고 성숙케 한 모습이니,
교화는 시작을 잡은 것이요,
성숙은 마침내 나아간 것이다.
섭수한 뜻은 어떠하였는가.
그들로 하여금 일체 지혜의 도에 안립케 한 것이다.
도道라는 것은 인因이니,
오직 불과佛果만을 위하여 불인佛因을 닦는 것을 말하는 것이다.

經

種無量善하야 獲衆大福하며 悉已入於方便願海하며 所行之行이 具足淸淨하며 於出離道에 已能善出하며 常見於佛호대 分明照了하며

한량없는 선근을 심어 수많은 큰 복을 얻었으며,
다 이미 방편과 서원의 바다에 들어갔으며,
행할 바의 행이 구족하고 청정하였으며,
출리出離할 길에 이미 능히 잘 출리하였으며,
항상 부처님을 보되 분명하게 비추어 알았으며

疏

第三에 種無量下는 德行圓備라 前攝은 何益고 令德圓故라 於中에 先辯因圓이요 後入果海라 今初에 文有五句하니 一에 種無量善은 已超七地의 殊勝善根故요 二에 悉已下는 已超八地의 大願滿故요 三에 所行下는 已超十地의 行滿障淨故요 四에 於出離下는 前明德圓하고 此具出道니 一道無量道로 已超生死하고 不住涅槃일새 故云善出이라하니라 五에 常見下는 結成見佛이니 謂德高十地일새 是以常見이요 非比量見일새 故曰分明이요 不取色相일새 名爲照了니라 又塵毛刹海에 佛遍重重거늘 有德斯覩일새 名分明照了니라

제 세 번째 한량없는 선근을 심었다고 한 아래는 덕행을 원만하게 구비한 것이다.

앞에서 섭수한 것은 무엇을 이익케 하려 함인가.

덕행으로 하여금 원만케 하려는 까닭이다.

그 가운데 먼저는 원인(因)이 원만함을 분별한 것이요,

뒤에는 과보(果)의 바다에 들어가는 것이다.

지금은 처음으로 문장에 다섯 구절이 있나니,

첫 번째 한량없는 선근을 심었다고 한 것은 이미 칠지七地의 수승한 선근을 초월한 까닭이요,

두 번째 다 이미라고 한 아래는 이미 팔지八地의 큰 서원이 원만함을 초월한 까닭이요,

세 번째 행할 바의 행이라고 한 아래는 이미 십지十地의 행이 원만하고 장애가 청정함을 초월한 까닭이요,

네 번째 출리할 길이라고 한 아래는 앞에서는 덕행이 원만함을 밝히고 여기서는 출리할 길을 구족한 것이니,

일도一道와 무량한 도(無量道)로 이미 생사를 초월하고 열반에도 머물지 않기에 그런 까닭으로 잘 출리하였다고 말하였다.

다섯 번째 항상 부처님을 보되라고 한 아래는 부처님 봄을 맺어 성립한 것이니,

말하자면 덕행이 십지보다 높기에 그런 까닭으로 항상 본다고 한 것이요,

비교하여 헤아려 보지 않기에 그런 까닭으로 분명하다고 말한 것이요,

색상色相을 취하지 않기에 이름을 비추어 안다 하였다.

또 티끌 수만치 많은 털구멍 극토 바다에 부처님이 두루하여 중중무진하거늘, 덕행이 있는 사람은 이것을 보기에 이름을 분명하게 비추어 안다 하였다.

鈔

已超七地의 殊勝善根者는 以七地에 有空中方便慧와 有中殊勝行하야 功用行滿일새 故云無量이라하니라 一道無量道者는 一道者는 一切無礙人이 一道出生死니 故로 離世間品說호대 一道가 是菩薩道니 不捨獨一菩提心故요 二道가 是菩薩道니 謂方便智慧故요 三道 四道와 乃至十道라하니라 又云호대 菩薩이 有無量道와 無量助道와 無量修道와 無量莊嚴道라하야 各列十句하니 則萬行과 觸目이 皆菩薩道니라 塵毛刹海下는 上是通相般若之意요 此是華嚴一乘玄旨니라

이미 칠지의 수승한 선근을 초월하였다고 한 것은, 칠지七地에 공空 가운데 방편의 지혜와 유有 가운데 수승한 행이 있어서 공용功用의 행이 가득하기에 그런 까닭으로 말하기를 한량이 없다고 하였다. 일도一道와 무량한 도(無量道)라고 한 것은, 일체 걸림 없는 사람이[73]

---

[73] 일체 걸림 없는 사람이라 한 등은 보살문명품 현수보살의 게송이니, 구체적으로 말하면 이렇다. 문수법상이文殊法常爾하야 법왕유일법法王唯一法이니 일체

한 길(一道)로 생사를 벗어났다 한 것이니,
그런 까닭으로 이세간품에 말하기를 일도一道가 이 보살의 길이니
하나의 보리심을 버리지 않는 까닭이요,
이도二道가 이 보살의 길이니
말하자면 방편과 지혜인 까닭이요,
삼도三道와 사도四道와 내지 십도十道라 하였다.
또 말하기를 보살이 무량한 도와 무량한 조도助道와 무량한 수도修道
와 무량한 장엄도藏嚴道가 있다 하여 각각 열 구절을 열거하였으니,
곧 만행萬行과 촉목觸目이[74] 다 보살의 길이다.

또 티끌 수만치 많은 털구멍 국토 바다라고 한 아래는, 이 위에는[75]
통상적인 반야의 뜻이고, 여기는 이 『화엄경』 일승의 현문한 뜻이다.

　무애인一切無礙人이 일도출생사一道出生死니라. 번역하면, 문수의 법은 항상
　그러하여 / 법왕은 오직 한 법뿐이니 / 일체 걸림 없는 사람이 / 한 길로
　생사를 벗어났다는 뜻이다.
74　만행萬行과 촉목觸目이 吐라고 『잡화기』는 말하고 있다.
75　이 위에라고 한 등은 통석과 별석을 헤아려 가리는 것이니, 통상석은 반야와
　같다고 『잡화기』는 말한다. 따라서 별석은 화엄과 같다 할 것이다.
　*통상석이란, 초문의 번역과 『잡화기』의 뜻이다. 그 뜻은 통석의 의미이다.

經

以勝解力으로 入於如來의 功德大海하며

수승한 지해知解의 힘으로써 여래의 공덕의 큰 바다에 들어갔으며

疏

二에 以勝解力下는 入果海也라 此一段文이 望前是別이니 總具德中에 別入果故요 望後是總이니 四十衆中에 解脫標故라 今且屬前하니라 於中二니 初는 乘因入果니 是比智知라 如見鸞翔하고 知太虛可冲하며 矚龍躍하고 知宏海可汎也니 謂以勝解力으로 印可佛言하야 知福慧之深遠하며 以信解力으로 瞻仰佛化하야 知慈悲之廣大하나니 是入如來功德大海며 亦是勝解로 印持果德이니라

두 번째 수승한 지해의 힘이라고 한 아래는 불과佛果의 바다에 들어가는 것이다.
이 한 단의 문장이 앞[76]을 바라봄에 별입別入이 되나니,
한꺼번에 덕행을 구비함을 나타내는 가운데 따로 불과의 바다에 들어가는 까닭이요,
뒤를 바라봄에 총표總標가 되나니,
사십 대중 가운데 각각 해탈을 표한 까닭이다.

---

[76] 앞이라고 한 것은, 앞의 운집중雲集衆인 동생 대중과 이생 대중이다.

지금에는 또한 앞에 배속한다.

이 가운데 두 가지가 있나니,

처음에는 원인(因)을 타고 과보(果)에 들어가는 것이니,

이것은 비지比智로 아는 것이다.

마치 난새가 나는 것을[77] 보고 태허공을 비었다고 함이 옳은 줄 알며

용이 뛰는 것을 보고 넓은 바다를 넓다고 함이 옳은 줄 아는 것과 같나니,

말하자면 수승한 지해知解의 힘으로써 부처님의 말씀을 인가印可하여 복덕과 지혜가 깊고도 먼 줄 알며,

믿음과 지해의 힘으로써 부처님의 교화를 우러러보아 자비가 넓고도 큰 줄 아나니,

이것이 여래의 공덕의 큰 바다에 들어가는 것이며,

역시 수승한 지해知解로 부처님의 과덕果德을 인지印持하는 것이다.

此一段下는 總顯文意라 以總具德中에 文有三節하고 第三의 德行圓

---

77 원문에 난상운운鸞翔云云은 아는 지혜(比智)를 말하고 있다. 고사에 봉황이 천 길을 날아가다가 배가 고파도 밤 껍질을 먹지 않는 것은 대장부의 염치이고, 뻐꾸기가 물가에서 울다가 날아가면 반드시 숲속에서 회합하는 것은 대장부의 지혜라 하니 그 양심과 지혜를 말하고 있다. 다만 가변으로 인용하였을 뿐이다. 그 원문은 이렇다. 봉비천인鳳飛千仞 기불탁률飢不啄栗 장부지염치야丈夫之廉恥也 시명수국鳲鳴水國 비필합천飛必合芉 장부지지혜야丈夫之智慧也.

備中에 自有七句어늘 今但是二일새 故云別也라하니라 旣言得於諸佛解脫之門이라하니 則是四百餘門之總標也라 義雖兩向이나 科且屬前하니라 初는 乘因入果者는 以勝解力으로 卽是乘因이요 入於如來의 功德大海는 卽是入果라 冲者는 和也深也며 虛也高也勝也니 今正是勝義에 兼虛高니라 亦是勝解로 印持果德者는 前則印化이니 比知二嚴과 與慈悲는 皆敎道也요 今云印果는 則心冥果海이니 爲證道也니라

이 한 단이라고 한 아래는 문장의 뜻을 한꺼번에 나타낸 것이다.
한꺼번에 덕행을 구비함을 나타내는 가운데 문장이 삼절三節[78]이 있고,
제삼절에 덕행을 원만하게 구비하는 가운데 스스로 일곱 구절[79]이 있거늘,
지금에는 다만 두 구절뿐이기에 그런 까닭으로 말하기를 따로 불과佛果의 바다에 들어간다 하였다.
이미 말하기를 모든 부처님의 해탈의 문을 얻었다 하니,
곧 사백여 문門[80]의 총표總標이다.

---

[78] 삼절三節이란, 一은 이장견정離障見淨이고, 二는 수화근심受化根深이고, 三은 덕행원비德行圓備이다.
[79] 일곱 구절이란, 영인본 화엄 2책, p.703, 6행에 한량없는 선근을 심어 수많은 복업을 얻었다는 등 다섯 구절이 있었고, 여기에 수승한 지혜의 힘 운운과 바로 뒤에 나오는 모든 부처님 운운의 두 구절이 있으니 일곱 구절이다.
[80] 사백여 문門이란, 사십 대중에 각각 십十이 있으니 사백 대중이다.

뜻이 비록 양쪽으로 향하지만 과판은 또한 앞에 배속한다.

처음에는 원인(因)을 타고 과보(果)에 들어간다고 한 것은 수승한 지해의 힘으로써 곧 원인을 타는 것이요,
여래의 공덕이 큰 바다에 들어간다고 한 것은 곧 과보에 들어가는 것이다.
충沖이라는 것은 융화의 뜻이며 깊음의 뜻이며 빔의 뜻이며 높음의 뜻이며 수승의 뜻이니,
지금은 바로 수승한 뜻에 비고 높음의 뜻을 겸하였다.

역시 수승한 지해로 부처님의 과덕을 인지한다고 한 것은, 앞에는 곧 부처님의 교화를 인지한 것이니
복덕과 지혜의 이엄二嚴과 더불어 자비를 비교하여 아는 것은 다 교도敎道요,
지금에 과덕을 인지한다고 말한 것은 곧 마음이 과덕의 바다에 명합한 것이니
증도證道가 되는 것이다.

經

得於諸佛의 解脫之門하야 遊戲神通하나니

모든 부처님의 해탈의 문을 얻어서 노닐되 신통[81]하나니

疏

二에 得於下는 明分得果用이라 言解脫門者는 佛果는 障寂하고 大用은 無礙일새 故稱解脫이니 眞解脫者는 卽是如來니라 通智로 遊入일새 故號門也요 衆各證契일새 故名爲得이라 此解脫卽門이니 佛得其總하고 衆海得別이라 又佛解脫은 但名解脫이요 衆所得法은 稱之爲門이니 以能通으로 入彼果用故니 此는 解脫之門이라 又衆所得法은 離障自在일새 名爲解脫이요 智所入處일새 亦名爲門이며 以因解脫로 入果解脫일새 亦稱爲門이니 此는 解脫卽門이라

두 번째 모든 부처님의 해탈의 문을 얻었다고 한 아래는 부분적으로 불과의 작용을 얻은 것을 밝힌 것이다.
해탈문이라고 말한 것은, 불과佛果는 장애가 고요하고 큰 작용은 걸림이 없기에 그런 까닭으로 해탈이라 이름하나니,
진실한 해탈자는 곧 여래이다.

---

81 원문에 유희는 출입이 자재한 것이고, 신통은 측량하기 어렵고 막을 수 없는 것이다.

신통과 지혜로 흘러들어가기에 그런 까닭으로 문門이라 이름하고, 대중이 각각 증득하여 계합하기에 그런 까닭으로 득得이라 이름하는 것이다.

이것은 해탈이 곧 문門이니,

부처님은 그 총總이라 함을 얻고

대중들은 별別이라 함을 얻는 것이다.

또 부처님의 해탈은 다만 해탈이라고만 이름하고,

대중들이 얻은 바 법문은 문이 된다고 이름하나니,

능히 신통으로써 저 부처님의 과용果用[82]에 들어가는 까닭이니,

이것은 해탈의 문이다.

또 대중들이 얻은 바 법문은 장애를 떠나 자재하기에 이름을 해탈이라 하고,

지혜로 들어갈 바 처소이기에 또한 이름을 문이라 하며,

원인(因) 해탈로써 과보(果) 해탈에 들어가기에 또한 이름을 문이라 하나니,

이것은 해탈이 곧 문이다.

鈔

言解脫門者는 先은 別釋이니 三이라 初는 解脫門三字가 皆屬於佛이요 二는 解脫은 屬果하고 門은 屬衆海요 三은 三字가 皆屬衆海라 於中에 有二하니 一은 就因中하야 自分能所요 二는 將已解脫하야 望果에

---

[82] 저 부처님의 과용果用이란, 부처님의 해탈의 과용이다.

爲門이라

해탈문이라고 말한 것은, 먼저는 따로 해석한 것이니
세 가지가 있다.
처음에는 해탈문이라는 세 글자가 다 부처님에게 속하는 것이요,
두 번째는 해탈은 불과佛果에 속하고 문은 대중에게 속하는 것이요,
세 번째는 해탈문이라는 세 글자가 다 대중에게 속하는 것이다.
그 가운데 두 가지가 있나니
첫 번째는 원인 해탈 가운데 나아가 스스로 능입能入과 소입所入을 나누는[83] 것이요,
두 번째는 자기의 해탈을 가져 불과佛果[84]를 바라봄에 문이 되는 것이다.

疏

然이나 總別圓融하고 因果交徹하야 重重無礙方하야사 爲眞解脫門이라 故下에 或歎佛果德하며 或歎因行하며 或約天等所得하야

---

[83] 능입과 소입을 나눈다고 한 것은, 지혜는 능입이 되고 해탈은 소입이 되나니, 이것은 곧 해탈이 소입이 됨을 잡아 문門이라 이름한 것이다.
앞뒤에서 능입이 됨을 잡아 문이라 이름한 것과는 같지 않은 것이니, 그러한즉 또한 해탈이 곧 문이다.
혹은 말하기를 해탈은 이 소입의 처소이고 지혜는 이 능입의 문이라 하니, 그러한즉 해탈의 문이다. 역시 『잡화기』의 말이다.
[84] 불과佛果라 한 과果는 불과의 해탈을 말하는 것이다.

欲影顯故니라

그러나 총과 별이 원융하고 원인과 과보가 서로 사무쳐 중중으로 걸림이 없어야 바야흐로 진실한 해탈문이 되는 것이다.
그런 까닭으로 아래에 혹 부처님의 과덕果德을 찬탄하기도 하며
혹 인행因行을 찬탄하기도 하며
혹 하늘 등이 얻은 바를 잡아 찬탄하기도 하였나니,
그윽이 나타내고자 한[85] 까닭이다.

鈔

然이나 總別下는 二는 圓融이니 融上三義라 總別圓融은 融第一義요 因果交徹은 融後二義요 重重無礙는 通上三義라 且如總具於別하고 別亦具總인달하야 則一解脫門中에 有一切解脫門이라

그러나 총과 별이 원융하다고 한 아래는 두 번째는 원융이니, 위에 세 가지 뜻을 원융케 한 것이다.
총과 별이 원융하다고 한 것은 첫 번째의 뜻을 원융케 한 것이요, 원인과 과보가 서로 사무친다고 한 것은 뒤에 두 가지 뜻을 원융케 한 것이요,

---

85 그윽이 나타내고자 한다고 한 것은, 이미 부처님의 과덕을 찬탄하였으되 그러나 혹은 인행을 찬탄하며 혹은 하늘 등이 얻은 바를 찬탄한다 한 것이 곧 이것이 그윽이 나타낸 것이니, 그 뜻은 나머지 인행 등도 또한 낱낱이 과덕과 하늘 등이 얻은 바를 갖추고 있는 까닭이다. 역시 『잡화기』의 말이다.

중중으로 걸림이 없다고 한 것은 위에 세 가지 뜻에 통하는 것이다. 또 총總이 별別을 구족하고 별別도 또한 총總을 구족함과 같아서, 곧 한 해탈문 가운데 일체 해탈문을 구족하고 있는 것이다.

疏

次에 遊戲神通은 正明入相이라 遊戲者는 出入自在요 神通者는 難測無壅故라 約觀心者인댄 心境無礙일새 稱爲解脫이요 由此入理일새 故號爲門이라 若以門爲門인댄 非能通矣요 門卽如實인댄 何所通耶아 正入호대 雙亡이 爲眞門矣니라 如此入者는 則本覺湛然으로 名窮果海리니 眞은 非妄外일새 則因果圓融이요 心境無涯일새 則解脫無際矣니라

다음에 노닐되 신통하다고 한 것은 바로 들어가는 모습을 밝힌 것이다.
노닌다고 한 것은 출입이 자재함을 말한 것이요,
신통이라고 한 것은 측량하기 어렵고 막을 수 없음을 말하는 까닭이다.
마음을 관찰함을 잡는다면 마음과 경계가 걸림이 없기에 이름을 해탈이라 하고,
이것을 인유하여 진리에 들어가기에 그런 까닭으로 이름을 문이라 하는 것이다.
만약 문으로써 문을 삼는다면[86] 능통能通이 아니요,

문이 곧 여래의 진실한 해탈[87]이라면 어찌 소통所通이 있겠는가. 바로 문에 들어가되 능통과 소통을 함께 잃는 것이 진실한 해탈문이 되는 것이다.

이와 같이 들어가는 것은 본각이 담연湛然함으로 과해果海를 궁진窮盡하였다 이름할 것이니,

진실(眞)은 허망(妄) 밖에 진실이 아니기에 곧 인과가 원융한 것이요, 마음과 경계가 끝이 없기에 곧 해탈도 끝이 없는 것이다.

正入已下는 後에 順結이라 能所雙寂일새 故曰雙亡이요 門理歷然일새 稱爲正入이니 正入則理無不契요 雙亡則過無不寂이라

바로 들어가되라고 한 이하는 뒤에 순리대로 맺는 것이다.

---

86 만약 문門으로써 문門을 삼는다면이라고 한 등은, 『잡화기』에 말하기를 말하자면 만약 해탈문으로써 문을 삼는다면 곧 능입과 소입이 있는 까닭으로 진실한 능통能通이 아니니, 이것은 곧 함께 없는 뜻을 반대로 나타낸 것이요, 문이 곧 여래의 진실한 해탈이라면이라고 한 등은, 또 만약 문이 곧 이 여실한 진리라고 한다면 곧 능입과 소입이 없는 까닭으로 또한 능통을 얻을 수 없나니, 이것은 곧 바로 들어가는 뜻을 반대로 나타낸 것이다 하였다. 문이 곧 여래의 진실이라고 한 것은, 앞에 진실한 해탈이 곧 이 여래이니 신통과 지혜로 흘러 들어가기에 그런 까닭으로 문이라 이름한다고 한 것을 근간한 것이다.

87 원문에 여실如實은 여如는 여래이고, 실實은 진실한 해탈(眞解脫)이다. 영인본 화엄 2책, p.706, 9행에 진실한 해탈이 곧 이 여래라 하였다.

능·소가 함께 고요하기에 그런 까닭으로 말하기를 함께 잃는다(雙
亡) 하였고,
해탈문의 진리가 분명하기에 이름을 바로 들어간다(正入) 하였으니,
바로 들어가면 곧 진리가 계합하지 아니함이 없고
함께 잃으면 곧 허물이 고요하지 아니함이 없는 것이다.

疏

第三에 所謂下는 別明得法讚佛이라 四十衆中에 各先長行에 得
法은 卽經家의 序列이요 後說偈讚은 卽當時所陳이라 然이나 衆集
偈讚이 並在一時나 文不累書故로 編之作次니 而各得一者는 顯
佛德無盡故요 乘別入總은 盡衆不能及故니라 故海慧云호대 如
來境界無有邊하야 各隨解脫能觀見이라하니라 而普賢得十者는
顯等佛無盡故니라

제 세 번째 말하자면[88]이라고 한 아래는 법을 얻고 부처님을 찬탄하는
것을 따로 밝힌 것이다.
사십 대중 가운데 각각 먼저 장행문에서 법문을 얻었다고 한 것은[89]

---

88 말하자면(所謂)이라고 한 것은, 6행 뒤에 있는 소위묘염해所謂妙燄海라 한
   경문이니 착오 없기 바란다.
89 각각 먼저 장행문에서 법문을 얻었다고 한 것은, 바로 아래 경문에 법계
   허공계에 적정한 방편력의 해탈문을 얻었다 한 등이다. 원문에 득법得法이란
   득법계 허공계 운운에 得은 得이고, 법계 운운은 法이다.

곧 경가經家가 차례대로 열거한 것이요,[90]

뒤에 게송을 설하여 찬탄하였다고 한 것은 곧 부처님 당시에 진술한 바이다.

그러나 대중이 운집하고 게송으로 찬탄한 것이 아울러 일시一時에 있지만 문장을 묶어서 쓸 수 없는 까닭으로 그것을 편집하여 차례를 만들었나니,

각각 하나의 해탈문을 얻는다고 한 것은 부처님의 공덕이 끝이 없음을 나타낸 까닭이요,

별別을 타서 총總에 들어가는 것은 모든 대중이 능히 미치지 못하는 까닭이다.

그런 까닭으로 해혜海慧가 게송으로 말하기를

여래의 경계는[91] 끝이 없어서

각각 해탈을 따라 능히 본다 하였다.

보현보살이[92] 열 가지 해탈을 얻은 것은 부처님과 같아 끝이 없음을

---

[90] 경가經家가 차례대로 열거한 것이라고 한 것은, 결집시에 결집자가 차례대로 열거한 것이라는 뜻이다.

[91] 해혜海慧가 게송으로 말하기를 여래의 경계 운운은,『화엄경』제오권 세주묘엄품 5에 해혜의 게송이니 이 위에 두 구절이 더 있다. 갖추어 말하면 불유여시신통력佛有如是神通力 일념현어무진상一念現於無盡相 여래경계무유변如來境界無有邊 각수해탈능관견各隨解脫能觀見이니, 번역하면, 부처님은 이와 같은 신통력이 있어서 / 한생각에 저 끝없는 모습을 나타내시지만 / 여래의 경계는 끝이 없어서 / 각각 해탈을 따라 능히 본다는 것이다.

[92] 보현보살이라고 한 등은, 그러한즉 청하는 대중은 별別을 타서 총總에 들어가는 것이니 마치 강이 바다에 들어가는 것과 같고, 보현보살은 총으로써 총에

나타낸 까닭이다.

들어가는 것이니 마치 바다가 바다에 들어가는 것과 같다. 역시 『잡화기』의 말이다.

經

所謂妙焰海大自在天王은 得法界虛空界에 寂靜方便力인 解脫門하며

말하자면 묘염해대자재 천왕[93]은 법계 허공계에 적정한 방편의 힘인 해탈문을 얻었으며

疏

文中에 先은 異生衆이요 後는 同生衆이라 前中三이니 初는 諸天이요 次는 八部요 後는 諸神이라 今初分二리니 先은 色天이요 後는 欲天이라 前中有五하니 今初는 自在天이라 長行十法에 第一에 法界等者는 卽法身解脫也라 法界虛空界는 卽用所遍處니 空卽事空이요 法界之言은 義兼事理니 謂非但遍空이라 亦遍空內에 色心等事와 及空有稱眞之理니라 又但言空인댄 則一重遍거니와 今云法界인댄 則重重皆遍이라 何者오 謂空界가 容一一塵處와 及彼事物一一塵中에 皆稱眞故로 各有無邊刹海어든 佛身大用이 皆悉充滿하나니 故로 下頌云호대 無窮盡也라하니라 言寂靜者는 體也라 然有二義하니 一은 明前大用은 用無用相하야 不礙常寂이요 二는 由此智用은 卽寂同眞일새 是故로 隨一一用하야 遍一切

---

93 묘염해대자재 천왕 이하는, 제 열 번째 법운지에 속한다.

處也니라 言方便者는 用也라 亦有二義하니 一은 明前寂無寂相하
야 不礙大用이요 二는 內同眞性하고 不礙外應群機일새 故云方便
이라하니라 寂用無礙일새 所以稱力이라하니라

문장 가운데 먼저는 이생異生의 대중이요,
뒤에는 동생同生의 대중이다.
앞의 이생의 대중 가운데 세 가지가 있나니
처음에는 모든 하늘 대중이요,
다음에는 팔부 대중이요,
뒤에는 모든 신神의 대중이다.
지금은 처음으로 두 가지로 나누리니
먼저는 색계의 하늘이요,
뒤에는 욕계의 하늘이다.
앞에 색계의 하늘 가운데 다섯 가지가 있나니
지금은 처음으로 자재천이다.

장행 문장의 십법十法에 첫 번째 법계 등이라고 한 것은 곧 법신에서
해탈(法身解脫)[94]을 얻은 것이다.
법계 허공계라고 한 것은 곧 불신佛身의 작용이 두루할 바 처소이니,

---

94 원문에 법신해탈法身解脫은, 뒤의 해석을 미루어보면 득得 자를 넣어 해석하는
것이 옳다 하겠다. 즉 법신득해탈法身得解脫이라 하여 법신에서 해탈을 얻는다는
것이다. 아래 가애락대혜 천왕의 소문에 관의해탈觀義解脫에서 영인본 화엄
2책, p.742, 말행과 p.743, 5행을 들어 설명하였다.

공空이라는 것은 사실의 허공이요,

법계라는 말은 그 뜻이 사실과 진리를 겸하고 있나니,

말하자면 다만 허공에 두루할 뿐만 아니라 또한 허공 안에 색과 심心 등의 사실과 그리고 공空과 유有가 진성眞性에 칭합한 진리에도 두루한 것이다.

또 다만 공空이라⁹⁵고만 말한다면 곧 일중一重으로만 두루할 뿐이거니와, 지금에 법계라고 말하였다면 곧 중중重重으로 다 두루한 것이다.

무엇 때문인가.

말하자면 허공계가 낱낱 진처塵處와 그리고 저 사물의 낱낱 티끌 가운데 다 진성에 칭합함을 용납하는 까닭으로 각각 끝없는 극토 바다가 있거든, 불신佛身의 큰 작용이 다 그곳에 충만하나니, 그런 까닭으로 아래의 게송에⁹⁶ 말하기를 다함이 없다 하였다.

적정이라고 말한 것은 자체이다.

그러나 두 가지 뜻이 있나니,

첫 번째는 앞에 불신의 큰 작용⁹⁷은 작용하되 작용하는 모습이 없어서

---

95 또 다만 공空이라 한 등은, 이것이 곧 위에 다섯 글자(법계 허공계)를 합하여 다만 일중으로만 두루함을 삼는 것이다. 역시 『잡화기』의 말이다.

96 아래의 게송이란, 영인본 화엄 2책, p.736, 4행에 부처님의 몸은 모든 대회大會에 널리 두루하고 / 법계에 충만하여 다함이 없으며 / 적멸하여 자성이 없어서 가히 취할 수 없지만 / 세간을 구제하기 위하여 출현하신다 한 것이니, 여기에 인용한 것은 제이구第二句의 말이다.

항상 고요함에 걸림이 없음을 밝힌 것이요,
두 번째는 여기에 지혜의 작용은 고요함에 즉卽하여 진성과 같음을 인유하기에 이런 까닭으로 낱낱 작용을 따라서 일체 처소에 두루함을 밝힌 것이다.

방편이라고 말한 것은 작용이다.
역시 두 가지 뜻이 있나니,
첫 번째는 앞에 고요하되[98] 고요한 모습이 없어서 큰 작용에 걸림이 없음을 밝힌 것이요,
두 번째는 안으로는 진성과 같고, 밖으로는 중생의 근기에 응함이 걸림이 없기에 그런 까닭으로 말하기를 방편이라 하였다.
또 자체의 고요함과 작용이 걸림이 없기에 그런 까닭으로 역力이라 이름하였다.

鈔

及空有稱眞之理者는 此空是外空이니 若以理空으로 對外空인댄 外空離法일새 是斷滅空이요 理空卽事일새 名爲眞空이라 若以外空이 亦心所現하며 亦由對色일새 滅色方顯인댄 則此斷空은 從緣無性이니 卽性空也라 故十八空에 明大空者는 謂十方空이니 卽十方虛空도

---

97 원문에 전대용前大用이란, 불신의 큰 작용이니 용用이고, 상적常寂이란, 체體이다.
98 고요하되 운운은, 대체大體라는 뜻이 스며 있다 하겠다.

亦是性空矣니라 是故疏云호대 空有稱眞之理라하니 卽有之空은 皆 性空也니라 一은 明前大用은 用無用相等者는 此二義中에 一은 用同 體寂이요 二는 用同體遍이라 言方便二者는 一은 由忘寂일새 故不礙 用이요 二는 由依寂일새 故能起用이라

그리고 공과 유가 진성에 칭합한 진리라고 한 것은, 이 공空은 외공外 空이니
만약 이공理空으로써 외공을 상대한다면 외공은 사법事法을 떠났기에 단멸공斷滅空이요,
이공理空은 사법에 즉하기에 이름이 진공이 되는 것이다.
만약 외공外空이 또한 마음으로 나타나는 바이며 또한 색을 상대함을 인유하기에 색이 없어져야 바야흐로 나타난다고 한다면, 곧 이 단공斷空은 인연으로 좇아 자성이 없는 것이니
곧 성공性空이다.
그런 까닭으로 십팔공十八空[99]에 대공大空이라는 것은 말하자면 시방 공十方空이라 한다고 밝혔으니
곧 시방의 허공도 또한 성공性空이다.
이런 까닭으로 소문疏文에서[100] 말하기를 공과 유가 진성에 칭합한

---

99 십팔공十八空이라고 한 것은, 『대품반야』 제삼권과 『대집경』 오십사권에 설출하였으니, 운허 『불교사전』, p.543을 참고하라.
100 이런 까닭으로 소문에서라고 한 등은 양방향으로 쓸 것이니, 위를 향하여 시공의 허공도 또한 성공性空이라고 한 것을 성립한다면 곧 그 뜻이 공이 진성에 칭합함을 취한 것이요, 아래를 향하여 유에 즉한 공을 생각한다면

진리라 하였으니
유有에 즉한 공空은 다 성공性空이다.

첫 번째는 앞에 큰 작용은 작용하되 작용하는 모습이 없어서 항상 고요함에 걸림이 없음을 밝힌다고 한 등은 이 두 가지 뜻 가운데
첫 번째는 작용이 자체와 같이 고요한 것이요,
두 번째는 작용이 자체와 같이 두루한 것이다.

방편에 두 가지가 있다고 한 것은
첫 번째는 고요함을 잊음을 인유하기에 그런 까닭으로 작용에 걸리지 않는 것이요,
두 번째는 고요함을 의지함을 인유하기에 그런 까닭으로 능히 작용을 일으키는 것이다.

곧 그 뜻이 유가 진성에 칭합함을 취한 것이다. 이상은 역시 『잡화기』의 말이다.

> 經

自在名稱光天王은 得普觀一切法호대 悉自在한 解脫門하며

자재명칭광 천왕은 널리 일체법을 관찰하되 다 자재한 해탈문을 얻었으며

> 疏

二에 普觀一切法호대 悉自在者는 智身解脫也라 此有三義하니 一은 以普眼으로 於一切法을 無不能觀이요 二는 觀一切法이 不壞事하고 而全理요 三은 於一法中에 見一切호대 而無礙니 並名自在니라

두 번째 널리 일체법을 관찰하되 다 자재하다고 한 것은 지신에서 해탈(智身解脫)을 얻은 것이다.
여기에 세 가지 뜻이[101] 있나니,
첫 번째는 넓은 눈으로 일체법을 능히 관찰하지 아니함이 없는 것이요,
두 번째는 일체법이 사실을 무너뜨리지 않고 온전히 진리임을 관찰하는 것이요,

---

[101] 세 가지 뜻이라고 한 것은, 『잡화기』에 말하기를 처음에는 곧 단적으로 사무애를 잡은 것이고, 다음에는 곧 이사무애를 잡은 것이고, 뒤에는 곧 사사무애를 잡은 것이다 하였다.

세 번째는 한 법 가운데 일체법을 보지만 걸림이 없는 것이니, 아울러 이름을 자재라 하는 것이다.

> 經

淸淨功德眼天王은 得知一切法이 不生不滅하고 不來不去하야 無功用行의 解脫門하며

청정공덕안 천왕은 일체법이 난 적도 없고 사라진 적도 없고, 온 적도 없고 간 적도 없는 줄 알아서 공용功用이 없는 행의 해탈문을 얻었으며

> 疏

三에 知一切法이 不生等者는 自共相解脫也라 亦有二義하니 一에 知不生等은 內證眞理요 二에 無功用行은 外應群機라

세 번째 일체법이 난 적도 없고 사라진 적도 없고, 온 적도 없고 간 적도 없는 줄 안다고 한 등은 자상공상에서 해탈(自相空相解脫)을 얻은 것이다.
또한 두 가지 뜻이 있나니,
첫 번째 난 적도 없다는 등을 안다고 한 것은 안으로 진리를 증득한 것이요,
두 번째 공용이 없는 행이라고 한 것은 밖으로 중생의 근기에 응하는 것이다.

鈔

三에 自相解脫者는 以一切法이 各各不同하야 色非心等일새 故名自相이요 今皆不生일새 故名解脫이니 此는 明無彼生相이라 則法體不生일새 故名自相이어니와 若直遣生住滅相인댄 亦共相耳니라

세 번째 자상自相 해탈이라고 한 것은 일체법이 각각 같지 아니하여 색이 마음 등이 아니기에 그런 까닭으로 자상自相이라 이름하고, 지금에 다 난 적이 없기에 그런 까닭으로 해탈이라 이름하나니, 이것은 저 생상生相이[102] 없음을 밝힌 것이다.
곧 법의 자체가 난 적이 없기에 그런 까닭으로 자상自相이라 이름하거니와, 만약 바로[103] 생상生相과 주상住相과 멸상滅相을 보낸다면 또한 공상共相이라 할 것이다.

疏

然이나 不生等은 佛法之體라 釋有多門거니와 略申一兩하리라 一은 別釋이니 以不生滅은 約境이요 不來去는 約行이라 初에 不生滅은 略有五義하니라

---

102 이것은 저 생상生相이라 한 등은, 저라 한 글자(彼字)가 곧 색심 등 자상自相을 가리키는 것이니 법의 자체가 이것이고, 각각 생상生相이 없으면 곧 해탈이니 생기하지 않는 것이 이것이다. 역시 『잡화기』의 말이다.
103 만약 바로라고 한 등은, 일체법이 공생共生·공주共住·공멸共滅하면 곧 공상共相이고, 다 보내면 해탈이라고 『잡화기』는 말한다.

그러나 난 적이 없다는 등은 불법의 자체이다.
해석하자면 여러 가지 문이 있거니와, 간략하게 한두 가지만 밝히겠다.
첫 번째는 따로 해석(別釋)한 것이니,[104]
난 적도 없고 사라진 적도 없다고 한 것은 경계를 잡은 것[105]이요,
온 적도 없고 간 적도 없다고 한 것은 행을 잡은 것[106]이다.
처음에 난 적도 없고 사라진 적도 없다고 한 것에 간략하게 오중五重[107]의 뜻이 있다.

鈔

初不生滅에 略有五重者는 前三은 別據三性不同이요 四는 卽合前三而義別이요 五는 卽融四句而無礙라 就別約三性中에 各三釋者인댄 初一은 通就當性說이요 二는 約當性二義說이요 三은 對三無性說이니 唯圓成二義小異니라 云何三性에 各二義耶아 遍計二者는 一은 情有요 二는 理無라 依他二者는 一은 緣生이요 二는 無性이라 圓成二者는 一은 性有요 二는 相無라

---

104 첫 번째는 따로 해석(別釋)한 것이라고 한 것은, 영인본 화엄 2책, p.721, 7행에 두 번째는 통석이라는 말이 있으니 상대이다.
105 경계를 잡은 것이란, 공간적으로 말한 것이다.
106 행을 잡은 것이란, 시간적으로 말한 것이다.
107 오중五重이란, 난 적도 없고 사라진 적도 없고 온 적도 없고 간 적도 없고 걸림도 없다는 것이다.

처음에 난 적도 없고 사라진 적도 없다고 한 것에 간략하게 오중五重의 뜻이 있다고 한 것은, 앞의 삼중三重은 삼성三性을 따로 의지함에 같지 않는 것이요,
네 번째는 곧 앞의 삼중三重을 합함에 뜻이 다른 것이요,
다섯 번째는 곧 사구四句를 융합함에 걸림이 없는 것이다.

따로 삼성 가운데 각각 세 가지로 해석함을 잡음에 나아간다면
처음에 하나는 모두 당성當性[108]에 나아가 설한 것이요,
두 번째는 당성當性의 두 가지 뜻을 잡아서 설한 것이요,
세 번째는 삼무성三無性[109]을 상대하여 설한 것이니,
오직 원성실성圓成實性[110]의 두 가지 뜻만 조금 다를 뿐이다.
어떤 것이 삼성三性에 각각 두 가지 뜻인가.
변계소집徧計所執[111]의 두 가지 뜻은
첫 번째는 망정(情)으로는 있는 것이요,
두 번째는 이치(理)로는 없는 것이다.
의타기성依他起性의 두 가지 뜻은

---

108 당성當性은, 삼성의 각각 性을 말한다.
109 삼무성三無性이란, 一은 상무성相無性이니 변계소집성은 망정으로 나타나는 것이니 그 모습은 자성이 없다. 二는 생무성生無性이니 의타기성은 일시적으로 생기하는 것이니 그 생기는 것은 자성이 없다. 三은 승의무성勝義無性이니 원성실성은 절대적인 법(勝義)이니 그 법은 자성이 없다.
110 원성실성圓成實性은, 원만히 성취된 진실한 성품이다.
111 변계소집徧計所執은, 두루 계교하여 허망하게 집착하는 것이다.

첫 번째는 인연으로 일어나는 것이요,
두 번째는 자성이 없는 것이다.
원성실성圓成實性의 두 가지 뜻은
첫 번째는 자성(性)으로는 있는 것이요,
두 번째는 모습(相)으로는 없는 것이다.

疏

一은 就遍計니 由是妄執일새 無法可生滅也라 又情有가 卽是理無일새 故不生也요 理無가 卽是情有일새 故不滅也니 不滅不生이 是一法也라 又求遍計相이나 不可得일새 故不生이요 能顯無相性일새 故不滅이니 不滅卽不生도 亦一法也니라

첫 번째는 변계소집성에 나아간 것이니,
이 망집妄執을 인유하기에 법 가히 생멸生滅할 것이 없는 것이다.
또 망정으로는 있는 것(情有)이 곧 이치(理)로는 없는 것(理無)이기에 그런 까닭으로 난 적이 없는 것이요,
이치로는 없는 것이 곧 망정으로는 있는 것이기에 그런 까닭으로 사라진 적이 없는 것이니,
난 적도 없고 사라진 적도 없는 것이 이 한 법이다.
또 변계의 모습을 구하여 보지만 가히 얻을 수 없기에 그런 까닭으로 난 적이 없는 것이요,
능히 모습이 없는 자성을 나타내기에 그런 까닭으로 사라진 적이

없는 것이니,
사라진 적이 없는 것이 곧 난 적이 없는 것도 역시 한 법이다.

鈔

一에 就遍計下는 遍計에 三義也니 一은 遍計無體가 如繩上蛇故로 無可生滅이요 二는 約二義者는 情有는 合是生이요 理無는 體是滅이라 今此는 情有가 卽是理無거니 何有生耶아 正理는 無處가 方是情有일새 故非滅也니라 下例可知라 三은 對無性者는 由無遍計하야 方顯無相이니 故로 唯識云호대 卽依此三性하야 說彼三無性이라하니 是知하라 若無遍計인댄 安知無相이 下亦例然하니라

첫 번째 변계소집성에 나아간다고 한 아래는 변계偏計에 세 가지 뜻이 있나니,
첫 번째는 변계는 자체가 없는 것이 노끈을 오히려[112] 뱀이라 여김과 같은 까닭으로 가히 난 적도 사라진 적도 없는 것이요,
두 번째는 두 가지 뜻을 잡은 것은, 망정으로는 있다고 한 것은 합당히 난 적이 있다 해야 할 것이요,
이치로는 없다고 한 것은 자체가 사라지고 없다 해야 할 것이다.
지금[113] 여기는 망정으로는 있는 것이 곧 이치로는 없는 것이어니 어찌 난 적이 있겠는가.

---

112 上(상) 자는 尙(상) 자와 같다.
113 今은 수 자의 잘못이다.

바른 이치는 처소가 없는 것이 바야흐로 이 망정으로는 있는 것이기에 그런 까닭으로 사라진 적이 없는 것이다.
아래는 여기를 비례하면 가히 알 수가 있을 것이다.[114]

세 번째는 삼무성을 상대하여 설한 것은, 변계가 없음을 인유하여[115] 바야흐로 변계의 모습이 없음을 나타낸 것이니,
그런 까닭으로 『유식론』에 말하기를 곧 이 삼성三性을 의지하여 저 삼무성三無性을 설한다 하였으니,
이에 알아라.
만약 변계가 없다면 어찌 변계의 모습이 없는 줄 알겠는가.
아래도 역시 예례가 그러한 것이다.

疏

二는 就緣起性이니 謂法無自體하야 攬緣而起일새 卽生無生이요

---

114 아래는 여기를 비례하면 가히 알 수가 있을 것이라고 한 것은, 만약 의타기 가운데라면 응당 말하기를 연기는 합당히 난 적이 있다 해야 할 것이요, 난 적이 없는 것은 합당히 사라지고 없는 등이라 해야 할 것이니, 원성실성도 또한 그러한 것이다. 역시 『잡화기』의 말이다.
115 변계가 없음을 인유한다고 한 등은, 혹은 유무由無라 한 무無 자를 마땅히 유有 자라고 해야 한다 말한 것은 잘못이니, 말하자면 변계가 있는 까닭으로 저 변계가 없음을 인유하여 바야흐로 변계의 모습이 없음을 나타낸 것이니, 곧 이것은 아래 만약 변계가 없다면 어찌 변계의 모습이 없는 줄 알겠는가 한 말로 더불어 부절符節이 합하는 것과 같다. 역시 『잡화기』의 말이다.

旣本不生일새 故無可滅也니라 又緣起無性일새 故不生이요 無性緣起일새 故不滅이니 中論云호대 以有空義故로 一切法得成이라 하니라 是故로 不生卽不滅이요 不滅卽不生이니 爲一物也니라 又推緣無起일새 故不生이요 能顯無生性일새 故不滅이니라

두 번째는 의타연기성에 나아간 것이니,
말하자면 법은 자체가 없어서 인연을 잡아 나기[116]에 곧 나도 난 적이 없는 것이요,
이미 본래부터 난 적이 없기에 그런 까닭으로 가히 사라진 적도 없는 것이다.
또 인연으로 나서 자성이 없기에 그런 까닭으로 난 적이 없는 것이요, 자성이 없어서 인연으로 나기에 그런 까닭으로 사라진 적이 없는 것이니,
『중론中論』에 말하기를 공의 뜻이 있는 까닭으로
일체법이 이루어짐을 얻는다[117] 하였다.
이런 까닭으로 난 적이 없는 것이 곧 사라진 적이 없는 것이요, 사라진 적이 없는 것이 곧 난 적이 없는 것이니 한 물건이 되는 것이다.

---

116 원문에 기起는 생기生起의 뜻으로 해석하여 뒤에 나도 난 적이 없다는 뜻에 부합시켰다.
117 원문에 득성得成이라는 말 아래에 『중론』에는 약무공의자若無空義者는 일체즉불성一切卽不成이라는 말이 더 있다. 바로 번역해 보면 "만약 공의 뜻이 없다면 / 일체법이 곧 이루어지지 않는다"라는 것이다.

또 인연으로 미루어 난 적이 없기에 그런 까닭으로 난 적이 없는 것이요,
능히 남이 없는 자성을 나타내기에 그런 까닭으로 사라진 적이 없는 것이다.

鈔

二에 就緣起性者는 一은 通說因緣之法이 依他而起이니 因緣所生은 無有生故라 故經云호대 一切法無來일새 是故無有生이요 以生無有故로 滅亦不可得이라하니라 二는 明二義中에 又緣起無性故者는 緣生은 卽無性也요 無性緣起故者는 無性은 卽緣生也라 前句는 卽因緣故로 空이요 此句는 卽無性故로 有니 故로 引中論에 以有空義故로 一切法得成은 唯證後句也니라 三은 顯無性中에 若無因緣인댄 不知無性이니 故論에 四句推之호대 諸法不自生이며 亦不從他生이며 不共不無因일새 是故知無生이라하니라 若不推此인댄 安知無生이리요 無生卽是生이니 無自性性也니라

두 번째 의타연기성依他緣起性에 나아간다고 한 것은, 첫 번째는 인연의 법이 다른 조건을 의지하여 일어남을 모두 설한 것이니, 인연으로 난 바는 난 적이 없는 까닭이다.
그런 까닭으로 경에 말하기를[118]
일체법이 온 적이 없기에

---

118 경에 말하기를 운운은 야마천궁게찬품 승림보살 게송이다.

이런 까닭으로 난 적이 없는 것이요,
난 적이 없기에 그런 까닭으로
사라진 적도 또한 가히 얻을 수 없다 하였다.
두 번째는 두 가지 뜻을 밝히는 가운데 또 인연으로 나서 자성이 없기에 그런 까닭이라고 한 것은 인연으로 난 것은 곧 자성이 없는 것이요,
자성이 없어서 인연으로 나기에 그런 까닭이라고 한 것은 자성이 없는 것은 곧 인연으로 난 것이다.
앞의 구절은 곧 인연인 까닭으로 공空이요,
이 구절은 곧 자성이 없는 까닭으로 유有이니,
그런 까닭으로 『중론中論』에 공의 뜻이 있는 까닭으로 일체법이 이루어짐을 얻는다고 함을 인용한 것은 오직 후구後句만을 증거한 것이다.
세 번째는 자성이 없음을 나타내는 가운데 만약 인연이 없다면 자성이 없는 줄 알지 못함을 나타낸 것이니,
그런 까닭으로 『중론』(論)에 사구四句로 인연에 미루되, 모든 법은 스스로 난[119] 것도 아니며
또한 다른 조건을 좇아 난 것도 아니며
함께하는 것도 아니며 원인이 없는 것도 아니기에
이런 까닭으로 난 적이 없는 줄 안다 하였다.
만약 이 인연에 미루지 아니한다면 어찌 난 적이 없는 줄 알겠는가.

---

119 원문에 자생自生이라 한 생生은 인因이고, 타생他生이라 한 타他는 연緣이다.

난 적이 없는 것이 곧 이 난 것이니,
자성이 없는 자성이다.[120]

疏

三은 約圓成性이니 謂非是有爲일새 故無彼生滅相也라 又非妄心境일새 故不生이요 聖智所證일새 故不滅이라 又體非遷變일새 故不生이요 隨緣令法起일새 故不滅이니 不滅卽不生이 爲一物也니라

세 번째는 원성실성을 잡은 것이니,

---

[120] 원문에 무자성성無自性性이라고 한 것은 자성이 없는 자성이니, 아래 성性 자는 곧 자성이 없다는 자성을 가리키는 것이다. 만약 성종과 상종을 상대하여 가린다면 앞의 제 두 번째 자성이 없다고 한 것은 두 종파가 다 여기에서 해석한 것과 같거니와, 오직 제 세 번째 자성이 없다고 한 것은 다름이 있나니, 말하자면 저 상종은 제 세 번째 이름을 승의는 자성이 없다(勝義無性) 말하는 것이다. 상종은 곧 아래 성 자(自性性之性)는 이 진여의 자성이니 불변의 진여로써 원성실성을 삼는 까닭이요, 성종은 곧 아래 성 자는 또한 무성의 자성이니 의타기성과 변계소집성의 무성으로써 원성실성을 삼는 까닭이다. 역시 『잡화기』의 말이다. 저 상종은 삼무성三無性 가운데 첫 번째 상무성相無性은 변계소집성, 두 번째 생무성生無性은 의타기성, 세 번째 승의무성勝義無性은 원성실성으로 말하고 있다.
바로 위에 『잡화기』의 말을 요약하면 무자성성無自性性이라 한 아래 성性이라는 글자는 법성종에서는 자성이 없는 자성이라 하고, 법상종에서는 자성이 없는 진여의 자성이라 한다는 것이다.

말하자면 이 유위有爲가 아니기에 그런 까닭으로 저 나고 사라지는 모습(生滅相)이 없는 것이다.

또 망심의 경계가 아니기에 그런 까닭으로 난 적이 없는 것이요, 성인의 지혜로 증득한 바이기에 그런 까닭으로 사라진 적이 없는 것이다.

또 자체는 변천하지 않기에 그런 까닭으로 난 적이 없는 것이요, 인연을 따라 법으로 하여금 일어나게 하기에 그런 까닭으로 사라진 적이 없는 것이니,

사라진 적이 없는 것이 곧 난 적이 없는 것이 이 한 물건이 되는 것이다.

鈔

三에 約圓成은 初義는 可知라 二는 約二義中에 小異前二니 謂二三이 皆約二義나 二는 卽法相宗二義라 於此二義에 顯無性義니 謂非妄心境故는 卽相無義요 聖智所證故는 卽性有義니 而非妄心境故로 遠離我法所執하야 便能顯得勝義無自性性이니라 又體非遷變下는 約不變과 隨緣이니 法性宗中에 二義라 旣不變故로 不生하고 由此不變하야 方能隨緣인댄 則不生이 是不滅義요 旣以隨緣으로 爲不滅하고 由隨緣하야 不失自性하야 方知不變인댄 則不滅이 是不生義일새 故云爲一物也라하니라

세 번째 원성실성을 잡았다고 한 것은 처음의 뜻은 가히 알 수

있을 것이다.[121]

두 번째는 두 가지 뜻을 잡은 가운데 앞의 두 가지와 조금 다르나니,[122] 말하자면 여기 두 번째와 세 번째가 다 두 가지 뜻을 잡았지만 두 번째는 곧 법상종의 두 가지 뜻이다.

이 두 가지 뜻에 무성無性의 뜻을 나타내었으니,

말하자면 망심의 경계가 아니기에 그런 까닭이라고 한 것은 곧 모습으로는 없다(相無)는 뜻이요,

성인의 지혜로 증득한 바이기에 그런 까닭이라고 한 것은 곧 자성으로는 있다(性有)는 뜻이니,

망심의 경계가 아닌 까닭으로 아我와 법法에 집착한 바를 멀리 떠나 문득 능히 승의勝義의 자성이 없는 자성(性)을 얻음을 나타낸 것이다.

또 자체는 변천하지 않는다고 한 아래는 불변不變과 수연隨緣을 잡은 것이니,

법성종 가운데 두 가지 뜻이다.

이미 변천하지 않는 까닭으로 난 적이 없고, 이 변천하지 아니함을 인유하여 바야흐로 능히 인연을 따른다면 곧 난 적이 없는 것이 사라진 적이 없다는 뜻이요,

---

121 처음의 뜻은 가히 알 수 있을 것이라고 한 것은, 소문에 이 유위가 아니기에 그런 까닭으로 저 나고 사라지는 모습이 없다 한 뜻은 가히 알 수 있을 것이라는 것이다.

122 앞의 두 가지와 조금 다르다고 한 것은, 앞의 두 가지는 변계소집성과 의타기성이고, 조금 다른 것은 변계와 의타의 앞의 두 가지에는 각각 세 가지의 뜻이 있었다. 원문에 이耳 자는 연衍이다.

이미 인연을 따름으로써 사라진 적이 없음을 삼고 인연을 따름을 인유하여 자성을 잃지 않아서 바야흐로 변천하지 아니함을 안다면 곧 사라진 적이 없는 것이 난 적이 없다는 뜻이기에, 그런 까닭으로 말하기를 한 물건이 되는 것이다 하였다.

疏

四는 通就三性混融이니 於一法上에 就遍計故로 不生이요 就圓成故로 不滅이요 就依他故로 亦不生亦不滅이요 就三無性故로 非不生非不滅이니라

네 번째는 통틀어 삼성이 섞이어 원융함에 나아간 것이니,
한 법위(一法上)에 변계偏計에 나아간 까닭으로 난 적이 없는 것이요,
원성圓成에 나아간 까닭으로 사라진 적이 없는 것이요,
의타依他에 나아간 까닭으로 또한 난 적도 없고 또한 사라진 적도 없는 것이요,
삼무성三無性에 나아간 까닭으로 난 적이 없지도 않고 사라진 적이 없지도 않는 것이다.

鈔

四에 通就三性等者는 卽合前三이나 而義全別이라 理實具合三性과 三無性하야 以成四句니 如一念心이 刹那瞥起로대 卽具六義라 謂一念之心이 是緣起法은 是依他起요 情計有實은 卽遍計所執이요 體本

空寂은 卽是圓成이니 三性備矣니라 旣卽依三性하야 說三無性일새 故六義具矣니라 今於三性에 成其三句하고 三無性上에 共成一句하니 謂一念之上에 旣理本無故로 遍計爲不生이요 本無之理가 卽是圓成故로 不滅이요 依他는 卽無性故로 亦不生이며 而不壞相故로 亦不滅이니 三句備矣니라 言就三無性故로 非不生非不滅者는 上엔 約遍計故로 不生거니와 今엔 遍計가 卽相無性故로 無彼不生하야 爲非不生也라하니라 上엔 約圓成故로 不滅거니와 今엔 圓成이 卽是勝義의 無自性性故로 非不滅이라하니라 上엔 約依他하야 亦不生亦不滅거니와 今엔 依他가 卽生이나 無自性性故어니 何有亦不生亦不滅이리요 故上三性이 不出不生不滅거니와 今飜彼三性하야 以成三無性일새 故雙非也니라

네 번째는 통틀어 삼성이 섞이어 원융함에 나아간다고 한 등은 곧 앞의 삼성三性을 합석合釋하였지만 뜻은 완전히 다르다.
그 이치는 진실로 삼성과 삼무성을 갖추어 합석하여 사구를 성립한 것이니,
마치 한 생각의 마음이 찰라 사이에 잠깐 일어나되 곧 여섯 가지 뜻을 갖추는 것과 같다.
말하자면 한 생각의 마음이 이 연기의 법인 것은 의타기성이요, 망정으로 진실로 있다고 계교하는 것은 곧 변계소집성이요, 자체가 본래 공적한 것은 곧 원성실성이니,
삼성三性이 갖추어졌다.
이미 곧 삼성을 의지하여 삼무성을 설하였기에 그런 까닭으로 여섯

가지 뜻이 갖추어진 것이다.
지금에는 삼성에 그 삼구三句를 성립하고 삼무성 위에 함께 일구一句를 성립하나니,
말하자면 한 생각 위에 이미 이치로는 본래 없는 까닭으로 변계偏計가 난 적이 없는 것이요,
본래 없는 이치가 곧 원성圓成인 까닭으로 사라진 적이 없는 것이요, 의타依他는 곧 자성이 없는 까닭으로 또한 난 적이 없으며, 모습을 무너뜨리지 않는 까닭으로 또한 사라진 적이 없나니,
삼구三句가 갖추어졌다.

삼무성에 나아간 까닭[123]으로 난 적이 없지도 않고 사라진 적이 없지도 않다고 말한 것은, 이 위에는 변계소집을 잡은 까닭으로 난 적이 없다고 하였거니와, 지금에는 변계偏計가 곧 모습으로는 자성이 없는 까닭으로 저가 나지 아니한 적이 없어서 난 적이 없지도 않다 하였다.
이 위에는 원성圓成을 잡은 까닭으로 사라진 적이 없다고 하였거니와, 지금에는 원성이 곧 승의勝義의 자성이 없는 자성(性)인 까닭으로 사라진 적이 없지도 않다 하였다.
이 위에는 의타依他를 잡아 또한 난 적도 없고 또한 사라진 적도 없다고 하였거니와, 지금에는 의타依他가 곧 생기生起하였지만 자성이 없는 자성(性)인 까닭이거니, 어찌 또한 난 적도 없고 또한 사라진

---

123 무성無性이라는 말 아래에 故 자가 있어야 한다. 소문에는 있다.

적도 없다고 함이 있겠는가.

그런 까닭으로 위에서는 삼성三性이 난 적도 없고 사라진 적도 없다고 함을 벗어나지 않았거니와, 지금에는 저 삼성을 번복하여 삼무성三無性을 성립하기에 그런 까닭으로 둘 다 아니라고(雙非＝雙遮・雙照) 하였다.

疏

五는 然此四句를 合爲一聚하야 圓融無礙니 頓思可見이니라

다섯 번째는 그러나 이 네 구절을 합하여 하나로 모아 원융하여 걸림이 없게 하는 것이니,
문득 생각하면 가히 볼 수 있을 것이다.

鈔

五中에 融四句하야 而無礙는 以一念心上과 一微塵上에 卽有六義일새 故總融合이라 言合四句者는 非第四門中四句라 合前別說總說四句耳니라

다섯 번째 가운데 네 구절을 융합하여 걸림이 없게 한다고 한 것은, 한 생각 마음 위와 하나의 작은 티끌 위에 곧 여섯 가지 뜻[124]이

---

124 여섯 가지 뜻이라고 한 것은 삼성과 삼무성을 말한다.

있기에 그런 까닭으로 네 구절을 모두 융합하는 것이다.
네 구절을 합한다고 말한 것은 제사문第四門 가운데 네 구절이 아니라 앞의 별설別說과 총설總說의 네 구절을 모두 융합한다는 것이다.

疏

二에 不來不去者는 約行이니 謂正智는 背捨妄執이나 而無去하고 向證眞理나 而不來하며 又依體起用이나 而不去하고 應機現前이나 而不來하며 又往應群機나 而不去하고 恒歸寂滅이나 而不來하나니 不來卽是不去로 無二爲一味也니라 由此大智하야 無念應機호미 如摩尼天鼓가 無思成事하나니 故云無功用行也라하니라

두 번째 온 적도 없고 간 적도 없다고 한 것은 행을 잡은 것이니, 말하자면 바른 지혜는 허망한 집착을 등져 버렸지만 간 적이 없고,[125] 진리를 증득하려 향하지만 온 적이 없으며,
또 자체를 의지하여 작용을 일으키지만 간 적이 없고, 근기에 응하여 앞에 나타나지만 온 적이 없으며,
또 중생의 근기에 가서 응하지만 간 적이 없고, 항상 적멸에 돌아오지만 온 적이 없나니,
온 적이 없는 것이 곧 간 적이 없는 것으로 둘이 없어서 한맛이

---

125 간 적이 없다고 한 것은 허망이 간 적이 없다는 것이고, 다음 줄에 온 적이 없다고 한 것은 진리가 온 적이 없다는 것이니, 뜻이 매우 쉬움을 볼 수 있다. 이설이 필요 없다. 역시 『잡화기』의 말이다.

되는 것이다.

이 큰 지혜를 인유하여 무념으로 근기에 응하는 것이 마치 마니摩尼의 하늘 북이 무사無思[126]로 일을 이루는 것과 같나니, 그런 까닭으로 말하기를 공용功用이 없는 행행이라 하였다.

鈔

二에 不來不去下는 有三義釋하니 初唯約體니 背捨는 是去而言不去者는 智照妄空에 無可捨故며 照惑無本에 卽智體故니라 向證眞理는 合是來義리니 如如來故나 而云不來者는 眞不可得故며 照體無自가 卽眞理故라 故經云如來者는 無所從來라하니라 又依體起用等者는 第二에 雙約體用說也니 依體起用故로 是去나 以卽體之用故로 不去요 應機現前은 合是來나 以應不離體가 如月之影故로 不來라하니라 又往應群機이나 而不去等者는 第三에 唯約用說也니 往應은 合是去나 應無應相故로 不去라하니라 恒歸寂滅은 合是來나 滅은 不可得故로 不來라하니라 又卽體之用일새 往而不去요 用卽體故로 歸而不來라하니라 前對는 於佛上明去요 機上明來어니와 此對는 於機上明去요 佛上明來니라 又前對는 機見佛來요 此對는 佛自歸來니 三義雖殊나 皆顯不來가 卽不去也니라 由此下는 釋無功用이니 摩尼約身이요 天鼓約口는 無思約意니라

두 번째 온 적도 없고 간 적도 없다고 한 아래는 세 가지 뜻으로

---

126 무사無思는 무심無心, 무념無念과 같은 뜻이다.

해석할 수 있나니,
첫 번째는 오직 자체만을 잡은 것이니,[127]
등져 버렸다고 한 것은 갔지만 간 적이 없다고 말한 것은 지혜로 허망(妄)이 공한 줄 비춤에 가히 버릴 것이 없는 까닭이며,
미혹이 근본이 없는 줄 비춤에 곧 지혜의 자체인 까닭이다.

진리를 증득하려 향한다고 한 것은 합당히 온다는 뜻이라 할 것이니, 여여하게 오는 까닭이지만 그러나 온 적이 없다고 말한 것은 진리는 가히 얻을 수 없는 까닭이며,
자체가 자체가 없는 것인 줄 비추는 것이 곧 진리인 까닭이다.
그런 까닭으로 『금강경』에 말하기를 여래라는 것은 좇아온 바가 없다 하였다.

또 자체를 의지하여 작용을 일으킨다고 한 등은 제 두 번째 자체와 작용을 함께 잡아 설한 것이니,
자체를 의지하여 작용을 일으키는 까닭으로 간 적이 있지만, 자체에 즉한 작용인 까닭으로 간 적이 없다고 한 것이요,
근기에 응하여 앞에 나타난다고 한 것은 합당히 온다고 해야 할 것이지만, 응당 자체를 떠나지 아니한 것이 마치 달의 그림자와 같은 까닭으로 온 적이 없다고 하였다.

---

127 타본에 초유약체初唯約體란 말 아래 二는 의체기용依體起用이요, 三은 섭용기체攝用起體라는 과목의 말이 있다.

또 중생의 근기에 가서 응하지만 간 적이 없다고 한 등은 제 세 번째 오직 작용만을 잡아 설한 것이니,[128]

가서 응한다고 한 것은 합당히 간 적이 있다고 해야 할 것이지만 응하되 응하는 모습(相)이 없는 까닭으로 간 적이 없다고 하였다. 항상 적멸에 돌아온다고 한 것은 합당히 온 적이 있다고 해야 할 것이지만 적멸은 가히 얻을 것이 없는 까닭으로 온 적이 없다고 하였다.

또 자체에 즉한 작용이기에 갔지만 간 적이 없다고 하였고, 작용이 곧 자체인 까닭으로 돌아왔지만 온 적이 없다고 하였다. 앞에 비대比對한 것은 부처님의 분상(입장)에서 간 것을 밝힌 것이고, 중생의 분상(입장)에서 온 것을 밝힌 것이어니와, 여기에 비대한 것은 중생의 분상에서 간 것을 밝힌 것이고, 부처님의 분상에서 온 것을 밝힌 것이다.

또 앞에 비대한[129] 것은 중생이 부처님이 온 것을 본 것이고, 여기에 비대한 것은 부처님이 스스로 돌아온 것이니,[130]

---

128 오직 작용만 잡아서 설한 것이라고 한 것은, 이 해석은 곧 항상 적멸에 돌아온다고 한 것은(다음 줄에 있다) 다만 이 작용 가운데 자체이고 작용을 상대하여 자체를 세운 것이 아니다. 뒤에 해석(바로 아래 또 자체에 즉한 작용 운운)은 곧 이 자체와 작용을 상대하여 설한 것이다. 역시 『잡화기』의 말이다.

129 또 앞에 비대한 것이라 운운한 것은, 이 위에는 가고 온 것을 함께 가리고 여기는 곧 단적으로 오는 뜻만 가린 것이니, 다만 이것만 다를 뿐 다시 다른 뜻이 없다고 『잡화기』는 말하고 있다.

130 원문에 불자귀래佛自歸來를 타본에 불견기래佛見機來라고 한 곳도 있으니

세 가지 뜻[131]이 비록 다르지만 다 온 적이 없는 것이 곧 간 적이 없는 것임을 나타낸 것이다.

이 큰 지혜를 인유한다고 한 아래는 무공용無功用을 해석한 것이니, 마니摩尼라고 한 것은 몸을 잡아 말한 것이고, 하늘 북이라고 한 것은 입을 잡아 말한 것이고, 무사無思라고 한 것은 뜻을 잡아 말한 것이다.[132]

疏

二는 通釋者니 不生不滅은 亦可約行이요 不來不去는 亦可約境이라

두 번째는 통틀어서 해석(通釋)한 것이니,[133]

생각할 것이다. 그러나 불자귀래는 소문에 상귀적멸常歸寂滅이라는 말을 해석한 것이라 하겠다.

131 세 가지 뜻이란, 소문에 우叉 자와 우叉 자를 보면 잘 알 수가 있다.
132 무사無思라고 한 것은 뜻을 잡아 말한 것이라고 한 것은, 위에 마니의 몸과 하늘 북의 입의 분상에 나아가 다 생각 없이 일을 이루는 것이 곧 의意이고, 몸과 입 밖에 따로 뜻(意)이 있는 것이 아니니 소문의 어세語勢가 이와 같은 줄 알 것이다.
133 두 번째는 통틀어서 해석(通釋)한 것이라고 한 것은, 영인본 화엄 2책, p.713, 4행에 첫 번째 따로 해석한 것이 있었고, 여기가 제 두 번째 통틀어 해석한 것이다. 그러나 앞의 따로 해석한 가운데서는 난 적도 없고 사라진 적도 없다고 한 것은 경계를 잡은 것이고, 온 적도 없고 간 적도 없다고 한

난 적도 없고 사라진 적도 없다고 한 것은 또한 가히 행을 잡은 것이요,
온 적도 없고 간 적도 없다고 한 것은 또한 가히 경계를 잡은 것이다.

鈔

二에 通釋者는 既言不生滅은 約行이요 不來去는 約境인댄 此亦是局거늘 何名爲通고 已上은 是賢首意니 不生滅은 局境而不通行하며 不來去는 局行而不通境거니와 今翻其不通하야 令通인댄 則四義가 俱通境行일새 故名爲通이니라

두 번째 통틀어서 해석한 것이라고 한 것은, 이미 난 적도 없고 사라진 적도 없다고 한 것은 행을 잡은 것이고, 온 적도 없고 간 적도 없다고 한 것은 경계를 잡은 것이라고 말하였다면 이것 역시 국한하여 해석한 것이거늘, 어찌 이름을 통틀어서 해석한 것이라 하는가.
이상은 현수법사의 뜻이니, 난 적도 없고 사라진 적도 없다고 한 것은 경계에만 국한하여 해석하고 행行까지 통틀어서 해석하지 못하였으며,
온 적도 없고 간 적도 없다고 한 것은 행에만 국한하여 해석하고 경계까지 통틀어서 해석하지 못하였거니와,
지금에 그 현수가 통틀어서 해석하지 못한 것을 번복하여 가령

것은 행을 잡은 것이라 하여 여기와 반대로 해석하였으니 참고할 것이다.

통석한다면 곧 네 가지 뜻[134]이 함께 경계와 행을 통틀어서 해석한 것이기에, 그런 까닭으로 이름을 통틀어서 해석한 것이라 할 수 있는 것이다.

疏

謂妄念斯寂이 猶若虛空이니 何生何滅가 又雖起大用이나 見心無生이며 用謝歸寂이나 了本無滅이라 又常稱眞理하야 寂照居懷어니 於此心中에 有何生滅가 此는 約行하야 釋不生滅也니라

말하자면 망념이 이에 고요한 것이 비유하자면 허공과 같거니,
어찌 난 적이 있고 사라진 적이 있겠는가.
또 비록 큰 작용을 일으키지만 마음이 난 적이 없는 줄 보며,
작용을 버리고 적멸에 돌아가지만 본래 사라진 적이 없는 줄 아는 것이다.
또 항상 진리에 칭합하여 고요함(寂)과 비추는 것(照)이 마음 가운데 있거니,
이 마음 가운데 어찌 나고 사라짐이 있겠는가.
이것은 행을 잡아 난 적도 없고 사라진 적도 없음을 해석한 것이다.

---

134 네 가지 뜻이란, 불생不生과 불멸不滅과 불래不來와 불거不去이다.

鈔

謂妄念下는 別이니 亦約三性하야 以成觀行이라 初卽遍計니 契同無相거니 何有生滅가 二에 又雖起大用下는 約依他觀이요 三에 又常稱眞下는 約圓成觀이라

말하자면 망념이[135] 이에 고요하다고 한 아래는 따로 해석한 것(別釋)이니,
또한 삼성三性을 잡아서 관행觀行을 성립한 것이다.
처음에는 곧 변계관徧計觀이니,
다 모습(相)[136]이 없는데 계합하였거니 어찌 나고 사라짐이 있겠는가.
두 번째 또 비록 큰 작용을 일으키지만이라고 한 아래는 의타관依他觀을 잡은 것이요,
세 번째 또 항상 진리에 칭합한다고 한 아래는 원성관圓成觀을 잡은 것이다.

疏

約境하야 釋不來去者는 猶如空華하야 無可去來며 又緣會卽來나 來無所從故로 無來요 緣謝而去나 去無所至故로 無去며 又諸法

---

[135] 타본에는 위망념謂妄念이라 한 위에 어중선총於中先總이요 후後(後謂妄念)라는 말이 있다.
[136] 모습(相)이란 생멸의 모습이다.

卽如어니 如豈來去아

경계를 잡아서[137] 온 적도 없고 간 적도 없다고 함을 해석한 것은,
비유하자면 허공의 꽃과 같아서 가히 간 적도 없고 온 적도 없으며,
또 인연이 모이면 곧 오지만 옴에 좇아온 바가 없는 까닭으로 온 적이 없고,
인연이 끊어지면 가지만 감에 이르는 바가 없는 까닭으로 간 적이 없으며,
또 모든 법이 곧 여여하거니,
여여함에 어찌 오고 감이 있겠는가.

鈔

約境하야 釋不來下는 亦約三性이니 初卽遍計요 二에 又緣會下는 約依他요 三에 又諸法卽如下는 約圓成이니 皆從簡略하야 各出一義어니와 例前不生인댄 亦可具五리라 亦應前三은 別說이요 四五는 融通이니 如遍計上에 亦應云호대 情有가 卽是理無故로 不來요 理無가 卽是情有故로 不去等이라 但改生滅二字하야 爲來去二字니라 餘準前思니라

경계를 잡아서 온 적도 없고 간 적도 없다고 함을 해석한 것이라고

---

137 경계를 잡아서 운운은, 앞에서는 행을 잡아서 거래去來가 없다는 것을 해석하였고, 여기서는 경계를 잡아서 거래가 없다는 것을 해석한 것이다.

한 아래는 역시 삼성을 잡은 것이니,
처음에는 곧 변계소집성이요,
두 번째 또 인연이 모이면이라고 한 아래는 의타기성을 잡은 것이요,
세 번째 또 모든 법이 곧 여여하다고 한 아래는 원성실성을 잡은 것이니,
다 간략함을 좇아[138] 각각 한 가지 뜻만을 설출하였거니와
앞의 난 적이 없다고 함을 비례한다면 또한 가히 다섯 가지 뜻[139]을 갖추었다 할 수 있다.
또 응당 앞의 세 가지는 따로 설한(別說) 것이요,
네 번째와 다섯 번째는 융합하여 통틀어 설한 것이니,
마치 변계소집의 분상에 또한 응당 말하기를 망정으로는 있는 것이 곧 이치(理)로는 없는 까닭으로 온 적이 없고,
이치(理)로는 없는 것이 곧 망정으로는 있는 까닭으로 간 적이 없다는 등과 같다.
다만 나고 사라진다(生·滅)는 두 글자만 고쳐서 오고 간다(來·去)는 두 글자를 삼았을 뿐이다.
나머지는 앞을 기준[140]하여 생각할 것이다.

---

[138] 다 간략함을 좇는다고 한 것은, 『잡화기』에 말하기를 삼성 가운데 각각 뒤에 두 가지 뜻을 간략하게 설출한 것이니, 한 가지 뜻만 설출했다고 한 것은 각각 처음에 모두 당성當性에 나아가 설한 것이 이것이다 하였다. 당성이란 변계소집성 등이다.

[139] 다섯 가지 뜻이라고 한 것은, 三에 삼성三性과 四에 통취삼성혼융通就三性混融과 五에 사구원융무애四句圓融無礙이다.

疏

三은 展轉釋이니 又何以不生滅고 由無來去故니라 何以不來去고 由無生滅故니라

세 번째는 전전展轉히 해석한 것이니,
또 무엇 때문에 난 적도 없고 사라진 적도 없다고 하는가.
온 적도 없고 간 적도 없음을 인유한 까닭이다.
무엇 때문에 온 적도 없고 간 적도 없다고 하는가.
난 적도 없고 사라진 적도 없음을 인유한 까닭이다.

鈔

三에 展轉釋은 所以爲此釋者는 有三意하니 一은 則上來는 但當句釋이어니와 今顯互相釋이니 故如經云호대 一切法無來일새 是故無有生等이라하니라 即此는 亦名相因釋也니라

세 번째 전전히 해석한 것이라고 한 것은, 이 해석을 한 까닭은 세 가지 뜻이 있나니,
첫 번째는 곧 상래上來에는 다만 당구當句만을 해석하였거니와 지금에는 서로서로 해석하는 것(互相釋)[141]을 나타내는 것이니,

---

140 準은 准과 같다.
141 서로서로 해석하는 것(互相釋)이라고 한 것은, 이것은 네 가지 해석하는 뜻에 하나이니 一은 이름을 의지하여 해석하는 뜻(依名釋義)이고, 二는 이교리

그런 까닭으로 위의 『화엄경』에 말하기를[142] 일체법이 온 적이 없기에 이런 까닭으로 난 적이 없다 한 등[143]과 같은 것이다.
곧 이는 또한 이름이 서로 인연하여 해석하는 것(相因釋)[144]이다.

疏

又旣無來去인댄 則非一非異요 不生不滅인댄 則無斷無常이라 智契前理일새 故無功用이라하고 不礙生等일새 故云行也라하니라

또 이미 온 적도 없고 간 적도 없다고 하였다면 곧 하나도 아니고 다르지도 않다는 것이요,
난 적도 없고 사라진 적도 없다고 하였다면 곧 단멸함도 없고 영원함도 없다는 것이다.
지혜가 앞의 진리에 계합하기에 그런 까닭으로 무공용無功用이라 하였고,
나고 사라지는 등[145]에 걸리지 않기에 그런 까닭으로 말하기를 행行이

教로 해석하는 뜻(理教釋義)이고, 三은 서로서로 해석하는 뜻(互相釋)이고, 四는 방식이 없이 해석하는 뜻(無方釋義)이다.

142 『화엄경』 운운은, 서로서로 해석하는 뜻을 위하여 뜻으로 인용한 것이다. 영인본 화엄 2책, p.712, 6행에 있다.

143 등이라고 한 것은, 사라진 적도 없고 간 적도 없고 온 적도 없다는 것을 등취한 것이다.

144 서로 인연하여 해석하는 것(相因釋)이라고 한 것은, 인연석因緣釋과 호상석互相釋이라고도 한다.

라 하였다.

鈔

又旣無來去인댄 則非一異者는 次正是展轉釋이라 欲明不生等四가 含義無盡일새 故略擧八不하니 卽中論宗이라 論云호대 不生亦不滅이며 不常亦不斷이며 不一亦不異며 不來亦不去라하니 而靑目釋之호대 有展轉相因釋하니 今取此勢일새 故爲此釋하니라 云何不來不去인댄 則得非一非異耶아 謂若有來去인댄 則有能所니 能所爲異요 對此爲一거니와 今無來去일새 故無一異니라 云何不生不滅인댄 則得不常不斷아 謂若許有生인댄 生卽是有니 定有則常이요 若許有滅인댄 滅則是無니 定無則斷거니와 今無生滅거니 何有斷常가할새 故中論問云호대 不生不滅이 已總破一切法거니 何故復說此六事耶아 答호대 爲成不生不滅故라 謂有人이 不信不生不滅하고 而信不常不斷하니 若深求不常不斷인댄 卽是不生不滅이라하니 故知二義相成이니라 從智契下는 釋無功用이라

또 이미 온 적도 없고 간 적도 없다고 하였다면 곧 하나도 아니고 다르지도 않다고 한 것은 다음에 바로 전전히 해석한 것이다. 난 적이 없다는 등 네 가지[146]가 포함하고 있는 뜻이 끝이 없음을

---

145 등이라고 한 것은, 가고 오는 것을 말한다.
146 네 가지란, 불래不來와 불거不去와 불생不生과 불멸不滅이다. 단 여기 소문에는 무래거無來去(무래無來·무거無去)라 하였다.

밝히고자 하기에 그런 까닭으로 간략하게 팔불八不[147]을 열거하였
으니,
곧 중론종中論宗의 뜻이다.
『중론』에 말하기를
난 적도 없고 또한 사라진 적도 없으며,
영원함도 없고 또한 단멸함도 없으며,
하나도 아니고 또한 다르지도 아니하며,
온 적도 없고 또한 간 적도 없다 하였으니,
청목靑目[148]이 해석하되 전전히 서로 인연하여 해석(相因釋)한 것이
있나니,
지금에는 이 문세文勢를 취하기에 그런 까닭으로 이 해석을 하였다.
어떤 것이 온 적도 없고 간 적도 없다고 하였다면 곧 하나도 아니고
다르지도 않다고 함을 얻겠는가.
말하자면 만약 온 적도 있고 간 적도 있다고 한다면 곧 능·소가
있게 되나니,
능·소는 다름(異)이 되고 이것을 반대하면 하나가(一) 되거니와,
지금에는 온 적도 없고 간 적도 없기에 그런 까닭으로 하나도 없고
다름도 없다고 하였다.
어떤 것이 난 적도 없고 사라진 적도 없다고 하였다면 곧 영원함도

---

147 팔불八不은 불생不生과 불멸不滅과 불상不常과 부단不斷과 불일不一과 불이不
異와 불래不來와 불거不去이다.
148 靑目(스님)은 용수의 『중론』을 해석한 空宗의 학자. 불멸 후 일천 년경에
태어났다.

없고 단멸함도 없다고 함을 얻겠는가.

말하자면 만약 난 적이 있다고 허락한다면 난다는 것은 곧 있는 것이니, 결정코 있다고 한다면 곧 영원함이 되고,

만약 사라진 적이 있다고 허락한다면 사라진다는 것은 곧 없는 것이니, 결정코 없다고 한다면 곧 단멸이 되거니와, 지금에는 난 적도 없고 사라진 적도 없거니 어찌 단멸과 영원함이 있겠는가 하기에, 그런 까닭으로 『중론』에 물어 말하기를

난 적도 없고 사라진 적도 없다는 것이 이미 일체법을 모두 파破한 것이거니, 무슨 까닭으로 다시 이 육사六事[149]를 설하는가.

답하기를 난 적도 없고 사라진 적도 없다는 것을 성립하기 위한 까닭이다.

말하자면 어떤 사람이 난 적도 없고 사라진 적도 없다는 것을 믿지 않고, 영원함도 없고 단멸함도 없다는 것만을 믿나니,

만약 영원함도 없고 단멸함도 없다는 것을 깊이 탐구하게 되면 곧 이것이 난 적도 없고 사라진 적도 없다는 것이다 하였으니, 그런 까닭으로 두 가지 뜻[150]이 서로 성립함을 알 수 있을 것이다.

지혜가 앞의 진리에 계합한다고 함으로 좇아 아래는 무공용을 해석한 것이다.

---

[149] 육사六事는 불상不常과 부단不斷과 불일不一과 불이不異와 불거不去와 불래不來이다.

[150] 두 가지 뜻이란, 불생불멸不生不滅과 불상부단不常不斷이다.

疏

是則不生之生이며 生之不生이라 無功用故로 常寂하며 行故로 常用이니 寂用無二가 是於功用에 得解脫也니라 斯爲正法之要니 義味難盡이라 無厭繁文이니라

이것은 곧 난 적이 없이 난 것이며,
났지만 난 적이 없는 것이다.
공용이 없는(無功用) 까닭으로 항상 고요(寂)하며,
공용이 없는 행行[151]인 까닭으로 항상 작용(用)하나니,
적체와 작용이 둘이 없는 것이 이 공용功用에 해탈을 얻은 것이다.
이것이 정법의 요체가 되는 것이니
의미를 다 설하기 어렵다.
번잡한 문장을 싫어하지 말 것이다.

鈔

是則不生之生下는 生與不生이 展轉相成이라 上來엔 諸不相成하야 總顯不生之理어니와 今則性相相成이니 以此不生은 不同斷滅故로 不礙於生이라 若礙於生인댄 非眞不生이니 故로 不礙生으로 成不生也니라 是則緣生故로 無性이요 無性故緣生이니 二義相成하야사 眞不生也니라

---

151 원문에 행行은 무공용 행이다.

이것은 곧 난 적이 없이 난 것이라고 한 아래는 난 것과 더불어 나지 아니한 것이 전전히 서로 성립하는 것이다.

상래에는 모든 불不을 서로 성립하여 난 적이 없다는 진리를 모두 나타내었거니와, 지금에는 곧 자성(性)과 모습(相)을 서로 성립하나니,

여기에 난 적이 없다고 한 것은 단멸과는 같지 않는 까닭으로 남(生)에 걸리지 않는 것이다.

만약 남에 걸린다고 한다면 진실로 난 적이 없는 것이 아니니, 그런 까닭으로 남에 걸림이 없다는 것으로 난 적이 없다는 것을 성립한 것이다.

이것은 곧 인연으로 나는 까닭으로 자성이 없고, 자성이 없는 까닭으로 인연으로 나나니,

두 가지 뜻이 성립하여야 진실로 난 적이 없음이 되는 것이다.

> 經

可愛樂大慧天王은 得現見一切法의 眞實相하는 智慧海의 解脫門하며

가애락대혜 천왕은 일체법의 진실한 모습을 현재에 보는 지혜 바다의 해탈문을 얻었으며

> 疏

四에 現見一切法等者는 觀義解脫也라 現見之言은 揀比知故라 眞實相言은 略有三義하니 一은 以智觀事實이니 事不虛故라 故下經文에 觀有爲法의 如實相故라하니라 二는 以慧觀理實이니 所謂 無相은 無相不相하야사 名爲實相이라 三은 以無礙智로 知無二實이라 窮實故深하고 盡邊故廣일새 稱智慧海요 不爲相縛일새 是解脫門이니라

네 번째 일체법의 진실한 모습을 현재에 본다고 한 등은 뜻을 관찰하는 데서 해탈(觀義解脫)[152]을 얻는 것이다.
현재 본다고 말한 것은 비량比量으로 아는 것을 가리는 까닭이다.

---

[152] 원문에 관의해탈觀義解脫이란, 뜻을 관찰하는 데서 해탈을 얻었다는 의미이다. 이 아래 자장해탈慈障解脫 등도 이와 같이 해석할 것이다. 이와 같은 해석은 영인본 화엄 2책, p.742, 말행과 p.743, 5행 등에 무과장중無果障中에 득해탈야得解脫也라 한 것을 근간하여 해석한 것이다.

진실한 모습이라는 말은 간략하게 세 가지 뜻이 있나니,
첫 번째는 지智로써 사실事實을 관찰하는 것이니,
사실이 허망하지 않는 까닭이다.
그런 까닭으로 아래의 경문에 유위법의 여실한 모습을 관찰하는[153]
까닭이다 하였다.
두 번째는 혜慧로써 이실理實을 관찰하는 것이니,
말하자면 모습이 없다는 것은 모습도 모습이 아닌 것도 없어야[154]
이름이 진실한 모습이 되는 것이다.
세 번째는 걸림 없는 지혜로써 이실二實[155]이 없는 줄 아는 것이다.
진실한 모습을 궁구한 까닭으로 깊고, 그 끝을 다한 까닭으로 넓기에
지혜의 바다라 이름하는 것이요,
그 모습에 얽매이지 않기에 해탈문이라 하는 것이다.

---

153 아래의 경문(下經文)에 유위법의 여실한 모습 운운한 것은, 아래 경문에 보이지 않는다. 따라서 下라는 글자가 없는 것이 여의한 듯하다. 그렇다면 지금의 경문에 견일체법見一切法이 관유위법觀有爲法이고 진실상眞實相이 여실상如實相이 된다. 따라서 여기 경문을 말한다 하겠다. 혹 제일구 다음에 제이구이기에 아래라 한 것은 아닌지 생각해 본다.

154 모습도 모습이 아닌 것도 없어야 한다고 한 것은, 『잡화기』에 두 가지로 해석하였으니 첫 번째는 지금의 해석과 같고, 두 번째는 모습이 없다고 말한 것도 또한 모습이 아닌 줄 알아야 바야흐로 진실한 모습이 된다고 해석하였다.

155 이실二實이란, 사실事實과 이실理實이다.

> 經

不動光自在天王은 得與衆生에 無邊安樂하는 大方便定의 解脫
門하며

부동광자재 천왕은 중생들에게 끝없는 안락을 주는[156] 큰 방편과
선정의 해탈문을 얻었으며

> 疏

五에 與衆生等者는 慈障解脫也라 離諸危怖曰安이요 適悅身心
을 爲樂이니 見佛則獲二利故로 安樂也요 煩惱不生故로 得定也라
佛德難思故로 樂定無邊이니 斯爲大方便也니라

다섯 번째 중생들에게 끝없는 안락을 준다고 한 등은 대자大慈의
장애에서 해탈(慈障解脫)을 얻은 것이다.
모든 위험과 두려움을 떠난 것을 안安이라 말하고,
몸과 마음이 적합하게 기쁜 것을 낙樂이라 하나니,
부처님을 보면 곧 두 가지 이익을 얻는 까닭으로 안락하고,
번뇌가 일어나지 않는 까닭으로 선정을 얻는 것이다.
부처님의 공덕은 사의하기 어려운 까닭으로 안락과 선정이[157] 끝이

---

156 안락을 주는 것이라고 한 것은, 『잡화기』의 뜻이라면 안락과 토吐이다.
  아래 소문에 주석하였다.
157 안락과 선정이 吐이니, 그러한즉 경문 가운데 대방편이라는 말이 그 가운데

없나니,
이것이 큰 방편이 되는 것이다.

거처(있어)하여 상·하에 통하는 것이다. 이상은 『잡화기』의 말이다. 『잡화기』의 말이라면 경문도 안락과 吐라야 옳다. 그러나 나는 큰 방편과 선정이라 하여 끝없는 안락을 주는 큰 방편과 선정의 해탈문을 얻었으며라고 번역하였다.

> 經

妙莊嚴眼天王은 得令觀寂靜法하야 滅諸癡暗怖케하는 解脫門하며

묘장엄안 천왕은 하여금 적정법을 관찰케 하여 모든 어리석음의 어둠으로 두려워함을 소멸케 하는 해탈문을 얻었으며

> 疏

六에 令觀等者는 悲障解脫也라 衆生癡故로 造業하고 造業故로 受苦하며 闇故로 不見未來하고 不見未來일새 卽顚墮하나니 故大怖之極은 莫越愚癡니라 令觀本寂케하면 則癡相本空하야 尙不造善거니 豈當爲惡이리요

여섯 번째 하여금 적정법을 관찰케 한다고 한 등은 대비의 장애에서 해탈(悲障解脫)을 얻은 것이다.
중생이 어리석은 까닭으로 업을 짓고,
업을 짓는 까닭으로 고통을 받으며,
어두운 까닭으로 미래를 보지 못하고,
미래를 보지 못하기에 곧 거꾸로 떨어지나니,
그런 까닭으로 큰 두려움의 극치는 어리석음을 넘는 것이 없다.
하여금 본래 적정함을 관찰케 하면 곧 어리석음의 모습이 본래 공한 줄 알아 오히려 선善도 짓지 않거니, 어찌 마땅히 악惡을 짓겠는가.[158]

鈔

尙不造善等者는 然이나 邪說에 空은 謂豁達하야 無物이라하며 或言無礙하야 不妨造惡이라하니 若眞知空인댄 善順於理도 恐生動亂하야 尙不起心거든 惡背於理하야 以順妄情거니 豈當更造리요 若云無礙하야 不礙造惡인댄 何不無礙하야 不礙修善하야 而斷惡耶아 厭修善法은 恐有著心인댄 恣情造惡은 何不懼著이리요 明大邪見의 惡衆生也니라

오히려 선도 짓지 않는다고 한 등은, 그러나 사설邪說에 공空은 말하기를 활달하여 한 물건도 없다 하였으며,
혹은 말하기를 걸림이 없어 악을 짓는 데 방애妨礙롭지 않다 하였으니,
만약 진실로 공을 알고자 한다면 선善이 이치(理)를 따르는(順) 것도 동란動亂하는 생각이 생길까 염려하여 오히려 마음을 일으키지 않아야 할 것이어든, 악惡은 이치(理)를 등져 망정을 따르거니(順) 어찌 마땅히 다시 짓겠는가.

---

158 선善도 짓지 않거니 어찌 마땅히 악惡을 짓겠는가 한 것은, 마치 육조스님이 오조스님에게 의발을 받아 대유령을 넘어가는데, 혜명(도명)이 따라와 의발을 내어 놓아라 다그치자 반석 위에 의발을 내려놓고 가져가라 하였다. 혜명이 가져가려 하니 의발이 떨어지지가 않았다. 이때 혜명은 육조스님에게 절복하고 법을 청하였다. 그때 육조스님이 선도 생각하지 말고 악도 생각하지 말라. 바로 이때 어떤 것이 그대의 본래면목인가. 한 선도 생각하지 말고 악도 생각하지 말라(不思善 不思惡)라고 한 말과 흡사하다 하겠다.

만약 말하기를 걸림이 없어 악을 짓는 데 방애妨礙롭지 않다고 한다면 어찌 걸림이 없지 않아 선을 닦아 악을 끊는 데 걸리지 않는 것이겠는가.
선법을 닦기를 싫어한 것은 집착하는 마음이 있을까 염려한 것이라면, 마음 놓고 악법을 짓는 것은 어찌 집착하는 마음이 있을까 염려하지 않는가.
분명 큰 사견邪見을 가진 악한 중생이라 하겠다.

經

善思惟光明天王은 得善入無邊境界하야 不起一切諸有의 思惟業하는 解脫門하며

선사유광명 천왕은 끝없는 경계에 잘 들어가 일체 제유諸有에 사유하는 업을 일으키지 않는 해탈문을 얻었으며

疏

七에 善入等者는 業障解脫也라 佛現十方을 是無邊境이요 了無依性을 稱爲善入이니 尙不依佛거니 寧造業思리요

일곱 번째 끝없는 경계에 잘 들어갔다는 등은 업장에서 해탈(業障解脫)을 얻은 것이다.
부처님이 시방에 나타난 것을 끝없는 경계라 하고,
의지함도 없고 자성도 없음을[159] 요달한 것을 이름하여 잘 들어가는 것이다 하였으니,

---

[159] 의지함도 없고 자성도 없다 운운한 것은, 아래 게송의 소문(영인본 화엄 2책, p.741, 3행)에 곧 끝없는 경계에 잘 들어간다고 한 것과 그리고 의지처도 없고 자성도 없다고 한 것이 다 부처님에 속하나니, 소문이 그윽이 나타낸 것을 족히 볼 수 있겠다. 의지처도 없고 자성도 없다고 한 것은 부처님의 행이 의지처도 없고 자성도 없음을 요지한다는 것이다. 역시 『잡화기』의 말이다.

오히려 부처님도 의지하지 않거니 어찌 업에 대한 생각을 짓겠는가.

鈔

尙不依佛者는 意同前義하니 入理觀佛도 恐壞觀心거든 更造業思하야 特違至理리요

오히려 부처님도 의지하지 않는다고 한 것은 그 뜻이 앞의 뜻[160]과 같나니,
진리에 들어가 부처님을 관찰하는 것도 관찰하는 마음이 무너질까 염려하거든, 다시 업에 대한 생각을 지어 다시 지극한 진리를 위배하는 것이겠는가.

---

160 앞의 뜻이란, 오히려 선도 짓지 않거니 어찌 마땅히 악을 짓겠는가 한 것이다.

> 經

可愛樂大智天王은 得普往十方하야 說法而不動하고 無所依한 解脫門하며

가애락대지 천왕은 널리 시방에 가서 설법하지만 동요하지도 않고 의지하는 바도 없는 해탈문을 얻었으며

> 疏

八에 普往十方等者는 卽無相解脫也라 雖身應十方이나 寂然不動하고 智宣諸法이나 怕爾無依하니 不取於相하야 如如不動故니라

여덟 번째 널리 시방에 갔다고 한 등은 곧 무상에서 해탈(無相解脫門)을 얻은 것이다.
비록 몸이 시방에 응하지만 적연寂然하여 동요하지 않고,[161] 지혜로 모든 법을 선설하지만 박이泊爾[162]하여 의지함이 없나니, 모습(相)에 취착하지 아니하여[163] 여여하여 동요하지 않는 까닭이다.

---

161 적연寂然하여 동요하지 않는다고 한 것은, 『주역』 계사상전에 적연부동寂然不動이나 감이수통천하지고感而遂通天下之故라는 말을 빌려 쓴 것으로 『현담』 제7권 탄허본 46책, p.249에도 이미 인용한 바가 있다. 홍신문화사, 『주역』, 노태준 역해, p.229 상단에 있다.
162 박이泊爾란, 박연泊然이니 물이 흐르는 모양, 조용하고 욕심이 없는 넓은 모양을 말한다.
163 원문에 불취어상不取於相 운운한 것은 『금강경』의 말이다.

經

普音莊嚴幢天王은 得入佛寂靜境界하야 普現光明하는 解脫門하며

보음장엄당 천왕은 부처님의 적정한 경계에 들어가 널리 광명을 나타내는 해탈문을 얻었으며

疏

九에 入佛等者는 卽名相解脫也라 佛智契如를 名入寂境이니 寂而能應일새 故로 普遍十方하야 身智發光이라 又令物入이나 無相故靜이요 無名故寂이라

아홉 번째 부처님의 적정한 경계에 들어갔다고 한 등은 곧 명상에서 해탈(名相解脫)[164]을 얻은 것이다.
부처님의 지혜가 진여에 계합한 것을 이름하여 적정한 경계에 들어간다 하나니,
적정하지만 능히 응하기에 그런 까닭으로 널리 시방에 두루하여

---

164 원문에 명상해탈名相解脫이라고 한 것은, 名과 相은 五法의 두 가지이니 곧 변계는 허망한 경계이지만 그러나 지금에 이미 바른 지혜로써 여여에 계합한즉 명과 상이 스스로 없어지는 것이니, 명과 상을 번복하여 여여를 이루고 망상을 번복하여 바른 지혜에 칭합하는 까닭이다. 역시 『잡화기』의 말이다.

몸과 지혜로 빛을 일으키는¹⁶⁵ 것이다.
또 중생으로 하여금 적정한 경계에 들어가게 하지만 그 모습이 없는 까닭으로 정靜이라 하고,
이름조차 없는 까닭으로 적寂이라 하는 것이다.

---

165 몸과 지혜로 빛을 일으킨다고 한 것은 신身·지智 이광二光이다.

> 經

名稱光善精進天王은 得住自所悟處하야 而以無邊廣大境界로
爲所緣解脫門하니라

명칭광선정진 천왕은 스스로 깨달은 바 처소에 머물러서 끝없이 광대한 경계로써 반연할 바를 삼는 해탈문을 얻었습니다.

> 疏

十中에 此天王名이 與前列中으로 少倒하니 前엔 名極精進名稱光이라하니라 上下諸文에 多有此例하니 或義存名異하며 或廣略參差하니 皆譯者가 不善會耳니라 法門名이 住自等者는 此는 離二取相하야 能益自他하는 解脫門이니 自悟處者는 卽離覺所覺하야 自覺聖智가 常現前也요 而以無邊等者는 爲緣無邊法界하야 度無邊衆生하고 得廣大菩提也니라

열 번째 가운데 이 천왕의 이름이 앞에 열거한 가운데[166] 이름으로 더불어 조금 다르나니,[167]

---

166 앞에 열거한 가운데라고 한 것은 앞의 중해운집衆海雲集이다.
167 원문에 소도少倒는 엄격히 따지면 이름이 조금 뒤바뀌었다는 것이니, 여기서는 명칭광선정진이라 하고 앞의 중해운집에는 극정진명칭광이라 하니 뒤바뀐 것이고, 여기에서는 선정진이라 하고 앞에서는 극정진이라 하니 한 글자 (一字)가 다르다. 따라서 조금 다르다고 한 뜻으로 해석한다.

앞에서는 극정진명칭광이라 이름하였다.
위와 아래의 모든 문장에 다분히 이와 같은 예가 있나니,
혹 뜻으로만 있고 이름이 다르기도 하며,
혹 이름이 광廣·약略이 섞여 있기도 하나니,
다 번역하는 사람이 잘 알지 못했을 뿐이다.
법문의 이름이 스스로 깨달은 바 처소에 머물러서라고 한 등은,
이것은 이취상二取相[168]을 떠나서 능히 자기도 남도 이익케 하는 해탈문이니,
스스로 깨달은 처소라고 한 것은 곧 능각과 소각을 떠나서 스스로 깨달은 성스러운 지혜가 항상 현전하는 것이요,
끝없이 광대한 경계라고 한 등은 끝없는 법계를 반연하여 끝없는 중생을 제도하고 광대한 보리[169]를 얻는 것이다.

鈔

此는 離二取相者는 唯識第八에 有四二取하니 一은 相見이요 二는 名色이요 三은 王所요 四는 本末이니 本卽第八異熟이요 末卽六識異熟이라 今當相見하나니 所覺은 是相이요 能覺은 是見이니 遠離覺所

---

168 이취상二取相이라고 한 것은, 능각상能覺相과 소각상所覺相이다.
169 광대한 보리라고 한 것은, 『잡화기』에 말하기를 곧 스스로 깨달은 바 처소이니, 그러한즉 여기에 광대하다고 말한 것은 곧 경문 가운데 광대하다는 것이 아니니, 저 경문에 광대하다고 한 것은 스스로 경계에 속하는 것(경문에 무변광대경계라 했다)이다 하였다.

覺을 名自覺聖智니라 故楞伽云호대 一切無涅槃하며 無有涅槃佛하며 無有佛涅槃하야 遠離覺所覺이라하니 卽斯義也라 上은 是第一經이어니와 第二又云호대 佛告大慧호대 前聖所知를 轉相傳授는 妄想無性이니 菩薩摩訶薩이 獨一靜處하야 自覺觀察하고 不由於他하야 離見妄想하야 上上勝進하야 入如來地를 是名自覺聖智之相이라하니라

이것은 이취상을 떠났다고 한 것은 『유식론』 제팔권에 네 가지 이취二取가 있나니,
첫 번째는 상상相과 견見이요,
두 번째는 명名과 색색色이요,
세 번째는 심왕心王과 심소心所요,
네 번째는 근본과 지말이니,
근본은 곧 제팔이숙第八異熟이요,
지말은 곧 육식이숙六識異熟[170]이다.
지금에는 첫 번째 상상相과 견見에 해당하나니
소각所覺은 이 상상相이요,
능각能覺은 이 견見이니,
능각과 소각을 멀리 떠난 것을 이름하여 스스로 깨달은 성스러운 지혜라 하는 것이다.

---

[170] 육식이숙六識異熟이라고 한 것은, 제육식이 제팔식을 좇아 생기하는 까닭으로 또한 이 육식이숙이라는 이름을 얻나니, 말하자면 이숙생生이다. 역시 『잡화기』의 말이다.

그런 까닭으로 『능가경』에 말하기를 일체가[171] 열반한 적이 없으며
열반할 부처도 없으며
부처가 열반한 적도 없어서
능각과 소각을 멀리 떠났다 하였으니,
곧 이 뜻이다.
이상은 『능가경』 제일경이거니와, 제이경에[172] 또 말하기를 부처님이 대혜보살에게 말씀하시기를 앞에 성인의 아는 바를 전전히 서로 전수하는 것은 망상으로 자성이 없는 것이니,
보살마하살이 홀로 하나의 고요한 곳에 앉아 스스로 깨달아 관찰하고, 다른 이를 인유하지 않아 소견과 망상을 떠나 상상上上으로 승진勝進하여 여래의 지위에 들어가는 것을 이것을 이름하여 스스로 깨달은 성스러운 지혜의 모습이라 한다 하였다.

---

171 일체 운운은 처음 구절은 소각을 떠난 것이고, 다음 구절은 능각을 떠난 것이고, 그 다음 구절은 능각과 소각을 함께 보낸 것이고, 끝 구절은 인유한 바를 모두 맺는 것이다. 역시 『잡화기』의 말이다.
172 제이경이라고 한 등은, 『잡화기』에 말하기를 처음 불고佛告로 좇아 이 초문이 끝남에 이르기까지는 다 저 『능가경』이니, 바로 위에 제일경은 곧 소문에 능각과 소각을 떠나는 것이 주主가 됨을 증거한 것이고, 여기 제이경은 곧 소문에 스스로 깨달은 성스러운 지혜가 주主가 됨을 증거한 것이다 하였다. 또 제이경으로부터 이 초문이 끝날 때까지 그 뜻에 말하기를, 앞에 성인의 아는 바를 전전히 서로 전수하는 것은 망상으로 자성이 없는 것이니, 그런 까닭으로 보살은 홀로 스스로 깨달은 곳에 거처하고 다른 사람이 스스로 깨달아 전수하는 곳을 인유하지 않는다는 것이다.

세주묘엄품 ③ 127

經

爾時에 妙焰海天王이 承佛威力하야 普觀一切自在天衆하고 而
說頌言호대

그때에 묘염해 천왕이 부처님의 위신력을 받아 널리 일체 자재천의
대중을 관찰하고 게송을 설하여 말하기를

疏

二는 上首說偈라 於中二니 先은 彰說儀요 後는 明正說이라 今初에
焰海는 是當衆上首일새 仰承佛力하야 爲衆申心이라 十地論云호
대 承佛力者는 顯無我慢이요 普觀十方은 示無偏心이라하니 今觀
己衆은 通局小異耳니라

두 번째는 상수上首가 게송을 설한 것이다.
그 가운데 두 가지가 있나니
먼저는 설하는 의식을 밝힌 것이요,
뒤에는 바로 설함을 밝힌 것이다.
지금은 처음으로, 묘염해 천왕은 이 자재천 당중當衆[173]의 상수이기에
우러러 부처님의 위신력을 받아 이 대중을 위하여 마음을 편 것이다.
『십지론』[174]에 말하기를 부처님의 위신력을 받았다고 한 것은 아만이

---

173 당중當衆은 당회當會의 대중大衆이다.

없음을 나타낸 것이요,
널리 시방을 관찰하였다고 한 것은 치우친 마음이 없음을 나타내 보인 것이다 하였으니,
지금에 자기의 자재천 대중을 관찰하였다는 것으로 통通과 국局이 조금 다를 뿐¹⁷⁵이다.

鈔

十地論에 承佛力等者는 論但云호대 示無我慢하고 無偏心故라하야거니와 昔人은 或將通配二句하고 疏意는 以別配로 爲正일새 故便配之니라

『십지론』에 말하기를 부처님의 위신력을 받았다고 한 것이라고 한 등은, 『십지론』 가운데는 다만 말하기를 아만我慢이 없음을 나타내 보이고 치우친 마음이 없음을 나타내 보인 까닭이라고만 하였거니와.
석인昔人¹⁷⁶은 혹 나아가 두 구절(二句)¹⁷⁷을 통틀어 배속하고 소가(疏)

---

174 『십지론』은 十二卷 가운데 第二卷에 있는 말이다. 『잡화기』에는 옥자권玉字 卷 73장을 보라 하였다.
175 통通과 국局이 조금 다를 뿐이라고 한 것은, 『십지론』에 금강장보살은 시방을 관찰하니 통이고, 여기 묘염해 천왕은 자기 대중만 관찰하니 국이라 하겠다.
176 석인昔人, 즉 옛날 사람은 천친으로, 『십지론』을 지은 보살이다.
177 두 구절(二句)이란, 승불위력承佛威力과 보관시방普觀十方이다. 원문에 통배通配는, 『십지론』은 통배이고 이 소가는 별배別配이다.

의 뜻은 따로 배속함으로써 정석을 삼기에 그런 까닭으로 문득 배속하였다.

疏

然이나 頌總有四種하니 一은 名阿㝹窣覩婆頌이니 此는 不問長行 與偈하고 但數字가 滿三十二면 卽爲一偈라 二는 名伽陀니 此云 諷頌이라 或名不頌頌이니 不頌長行故요 或名直頌이니 謂直以偈 로 說法故라 三은 名祇夜니 此云應頌이라 四는 名嗢馱南이니 此云 集施頌이니 謂以少言으로 攝集多義하야 施他誦持故라 今此는 卽 伽陀頌也니 下皆準之니라 爲何意故로 經多立頌고 略有八義하니 一은 少字攝多義故요 二는 諸讚歎者가 多以偈頌故요 三은 爲鈍 根重說故요 四는 爲後來之徒故요 五는 隨意樂故요 六은 易受持 故요 七은 增明前說故요 八은 長行未說故라 今此는 正唯前二요 義兼五六이라

그러나 게송에 모두 네 가지가 있나니,
첫 번째는 이름이 아뉵솔도바송이니,
이것은 장행문과 게송을 불문하고 다만 글자 수가 서른두 자만 차면 곧 한 게송을 삼는다.
두 번째는 이름이 가타이니,
여기서 말하면 풍송諷頌이다.
혹은 이름이 불송송不頌頌이니

장행문을 게송하지 않는 까닭이요,
혹은 이름이 직송直頌이니
말하자면 바로 게송으로써 법을 설하는 까닭이다.
세 번째는 이름이 기야니,
여기서 말하면 응송應頌이다.
네 번째는 이름이 온타남縕馱南이니,
여기서 말하면 집시송集施頌이니
말하자면 적은 말로써 많은 뜻을 거두어 모아 타인에게 베풀어주어 외우고 가지게 하는 까닭이다.
지금 여기는 곧 가타송伽陀頌이니,
아래는 다 여기를 기준할 것이다.

무슨 뜻을 위한 까닭으로 경전에 많은 게송을 세웠는가.
간략하게 여덟 가지 뜻이 있나니,
첫 번째는 적은 글자로 많은 뜻을 거두어 모으는 까닭이요,
두 번째는 모든 찬탄하는 사람들이 많이 게송을 사용하는 까닭이요,
세 번째는 둔근기를 위하여 거듭 설하는 까닭이요,
네 번째는 뒤에 온 대중[178]을 위한 까닭이요,
다섯 번째는 마음에 즐거움을 따르는 까닭이요,
여섯 번째는 받아 가지기가 쉬운 까닭이요,
일곱 번째는 앞에 말을 더욱 분명하게 하는 까닭이요,

---

[178] 원문에 도徒 자는 대중이라는 뜻이다.

여덟 번째는 장행문에서 아직 다 설하지 못한 까닭이다.
지금 여기는 정확하게는 오직 앞의 두 가지에만 해당하고, 뜻으로는 다섯 번째와 여섯 번째도 겸하고 있다 하겠다.

疏

二는 正說이라 於中十偈가 次第로 各一法門이니 結集取此하야 以爲長行이나 非此頌前也니라 然이나 此中長行이 與偈로 有多不同하니 謂偈는 字則定하고 長行은 多少不同하며 而長行은 則約天得法하고 偈中엔 卽是歎佛이니 此必然也니라 若二文互望인댄 或因果之殊하며 或體用有別하며 或互相影略하며 或難易更陳하며 或法喩不同하며 或能所遞擧하니 故로 傳授者가 善消息之하야 二文相映하면 於義易了리라

두 번째는 바로 설한 것이다.
그 가운데 열 게송이 차례로 각각 한 법문이니,[179]
결집한 사람이 이것을 취하여 장행문을 삼았으나 이것은 앞의 장행문을 게송한 것은 아니다.
그러나 이 가운데 장행문이 게송으로 더불어 다분히 같지 아니함이 있나니,
말하자면 게송은 글자가 곧 정해져 있고 장행은 글자의 수가 많고

---

179 그 가운데 열 게송이 차례로 각각 한 법문이라고 한 것은, 서른두 글자가 한 게송이고 열 게송이 한 법문이라는 뜻이다.

적은 것이 같지 아니하며,
장행은 하늘이 법문 얻은 것을 잡았고, 게송 가운데는 곧 부처님을 찬탄하였으니
이것은 필연必然[180]이다.
만약 두 문장[181]을 서로 바라본다면
혹 인과가 다르며,
혹 자체와 작용이 다름이 있으며,
혹 서로서로 영략影略되었으며,
혹 어렵고 쉬운 것을 다시 진술하며,
혹 법과 비유가 같지 아니하며,
혹 능과 소를 번갈아 거론하였으니,
그런 까닭으로 전수하는 사람이 잘 소식消息하여 두 문장을 서로 비추어 본다면 그 뜻을 쉽게 알 수가 있을 것이다.

鈔

結集取此者는 以昔人이 皆云호대 頌長行故라하니라 然이나 此中에 長行下는 相對料揀하야 示說偈儀式이라 然이나 上擧四種은 明偈體式이요 次明八義는 卽立偈之由라 然이나 通重頌과 及與孤起라 華藏品에도 有十例五對나 唯約祇夜요 今此料揀은 唯局此文이니 雖是孤起나 而經家廣列일새 故須會釋이라 總有六對하니 一에 因果者는 如

---

180 필연必然이란 반드시 그래야만 한다는 뜻이다.
181 두 문장이란 장행문과 게송문이다.

第十偈云호대 佛於無邊大劫海에 爲衆生故求菩提는 此擧因故요 長行卽云호대 自所悟處는 此顯果也라 第二에 體用者는 第二偈云호대 能然照世妙法燈은 用也요 長行云호대 普觀一切悉自在는 體也라 第三에 影略者는 長行云호대 知一切法이 不生不滅하며 不來不去라하고 偈中但云호대 了相無有는 卽偈略也요 第四偈云호대 永滅衆生癡暗心이라하고 長行에 但有現見一切法은 卽長行略也라 第四에 難易者는 如初天王의 長行에 但云호대 得法界虛空界에 寂靜方便力인 解脫은 不見偈文하면 難爲解釋이라 第五에 法喩不同者는 長行의 第二엔 但云호대 觀一切法이라하고 偈云호대 能然照世妙法燈이라호미 是也라 第六에 能所遞擧者는 初天王에 但云호대 法界虛空界는 是所遍處요 偈中則云호대 佛身普遍諸大會는 則長行이 闕能遍이라 且就初段하야도 具有六對어든 況下諸段에 顯文甚多아 言傳授之者가 善消息之者는 易豐卦云호대 天地盈虛하야 與時消息이라하니 釋云호대 消者는 盡也요 息者는 生也니 謂可加則加하고 可減則減하며 可出則出하고 可沒則沒일새 故言消息이라하니라 二文相映者는 長行不了면 則觀偈文하고 偈文難見이면 則觀長行하면 則易了也니라

결집한 사람이 이것을 취하였다고 한 것은, 옛날 사람(昔人)이 다 말하기를 장행문을 게송한 것이라 하였다.
그러나 이 가운데 장행문이라고 한 아래는 서로 상대하여 헤아리고 가려[182] 게송을 설하는 의식을 나타내 보인 것이다.

---

182 원문에 간자揀者라 한 자者는 연衍이다. 『잡화기』도 이와 같이 말하였다.

그러나 위에서 네 가지[183]를 거론한 것은 게송의 자체 형식을 밝힌 것이고, 다음에 여덟 가지[184] 뜻을 밝힌 것은 곧 게송을 세운 이유이다. 그러나 중송重頌과 그리고 고기송孤起頌에도 통하는 것이다.

화장세계품[185]에도 십예오대十例五對가 있으나 오직 기야祈夜만을 잡았고, 지금 여기에 헤아려 가린 것은 오직 이 문장에만 국한하나니,[186]

비록 고기송이지만 경가經家가 폭넓게 열거하였기에 그런 까닭으로 회석會釋함을 수구하는 것이다.

모두 육대六對가 있나니,

첫 번째 인·과라고 한 것은, 제 열 번째 게송[187]에 말하기를 부처님이 끝없는 큰 세월의 바다에 중생을 위한 까닭으로 보리를 구한다 한 것과 같은 것은 이것은 원인(因)을 거론한 것이요,

장행문에 곧 말하기를[188] 스스로 깨달은 바 처소라고 한 것은 이것은 과보(果)를 나타낸 것이다.

제 두 번째 자체와 작용이라고 한 것은, 제 두 번째 게송에 말하기를

---

183 위에서 네 가지라고 한 것은, 영인본 화엄 2책, p.732, 6행이다.

184 다음에 여덟 가지라고 한 것은, 영인본 화엄 2책, p.733, 1행이다.

185 화장세계품이라고 말한 것은, 한자권寒字卷 상권 초10장을 가리키는 것이라고 『잡화기』는 말하고 있다. 토吐를 화장품'에' 오대'는' 기야요'라고 달아도 무방하다 하겠다.

186 오직 이 문장에만 국한한다고 한 것은, 그 뜻에 말하기를 오직 가타伽陀에만 국한하나니 이 게송문이 이 가타인 까닭이다.

187 제 열 번째 게송이라고 한 등은, 영인본 화엄 2책, p.742, 3행이다.

188 장행문 운운은, 영인본 화엄 2책, p.730에 있다.

능히 세간을 비추는 묘한 법등을 켠다고 한 것은 작용이요, 장행문에 말하기를 널리 일체법을 관찰하지만 다 자재하다고 한 것은 자체이다.

제 세 번째 영략이라고 한 것은, 장행문에 말하기를 일체법이[189] 난 적도 없고 사라진 적도 없으며 온 적도 없고 간 적도 없는 줄 안다 하고, 게송 가운데는 다만 말하기를 모습(相)[190]이 있는 바가 없는 줄 안다고 한 것은 곧 게송이 생략된 것이요,

제 네 번째 게송에 말하기를 영원히 중생의 어리석음의 어두운 마음을 소멸한다 하고, 장행문에는 다만 현재에 일체법을 본다고 한 것만 있는 것은 곧 장행문이 생략된 것이다.

제 네 번째 어렵고 쉬운 것이라고 한 것은, 처음 천왕[191]의 장행문에 다만 법계 허공계에 적정한 방편의 힘인 해탈을 얻었다고 한 것과 같은 것은 게송문을 보지 아니하면 해석하기 어려운 것이다.

제 다섯 번째 법과 비유가 같지 않다고 한 것은, 장행문의 제 두 번째에는 다만 말하기를 일체법을 관찰한다고만 하고, 게송에 말하기를 능히 세간을 비추는 묘한 법등을 켠다고 한 것이 이것이다.

제 여섯 번째 능과 소를 번갈아 거론하였다고 한 것은, 처음 천왕의 장행문에 다만 말하기를 법계 허공계라고 한 것은 이것은 두루할 바 처소(所徧處)[192]이고, 게송 가운데 곧 말하기를 부처님의 몸은

---

189 일체법 운운은, 영인본 화엄 2책, p.712, 6행이다.
190 모습(相)이란, 생멸·거래의 모습이다. 원문에 요상무유了相無有는 요상시방무소유了相十方無所有의 준말이니 영인본 화엄 2책, p.738, 5행에 있다.
191 처음 천왕이란, 묘염해자재 천왕이다.

널리 모든 대회에 두루한다고 한 것은 곧 장행문이 이 능히 두루하는 몸(能徧身)¹⁹³을 빠뜨린 것이다.

우선 초단初段¹⁹⁴에 나아가서도 육대六對를 갖추고 있거든, 하물며 아래의 모든 단段에 현시한 문장이 심히 많은 것이겠는가.

전수하는 사람이 잘 소식할 것이라고 말한 것은, 『주역』의 풍괘豊卦에 말하기를 천지는 차고 비어서 그 때로 더불어 소식한다 하였으니, 해석하여 말하면 소消라는 것은 사라지는 것이요,
식息이라는 것은 자라나는 것이니
말하자면 더하는 것이 옳으면 곧 더하고, 감하는 것이 옳으면 곧 감하며,
나오는 것이 옳으면 곧 나오고, 들어가는 것이 옳으면 곧 들어가기에 그런 까닭으로 말하기를 소식이라 하는 것이다.

---

192 소변처所徧處는 법계 허공계이다.
193 능변신能徧身은 부처님의 몸이다.
194 초단初段이라고 한 것은 묘염해 천왕이 초단이다. 그러나 『잡화기』는 이자재 천왕이 초단이라 하니 생각해 볼 것이다. 아마 묘염해자재 천왕을 줄여서 한 말이 아닌가 한다.
아래에 『주역』의 풍괘 운운은 홍신문화사, 『주역』, 노태준 역해, p.188에 있다.
그 아래 바로 해석하여 말하였다고 한 것은 소식에 대한 청량스님의 해석이다. 풍괘(䷶), 이 괘는 모든 것이 풍족하고 충족하나 배후에 사라짐이 존재한다. 위세를 떨치나 곧 사라진다는 의미를 갖고 있다.

두 문장을 서로 비추어 본다고 한 것은, 장행문을 알 수 없으면 곧 게송문을 보고, 게송문을 보기 어려우면 곧 장행문을 본다면 곧 쉽게 알 수가 있을 것이라는 뜻이다.

經

佛身普遍諸大會하고　充滿法界無窮盡하며
寂滅無性不可取로대　爲救世間而出現하시니다

부처님의 몸은 널리 모든 대법회에 두루하고
법계에 충만하여 끝이 없으며,
적멸하여 자성이 없어 가히 취할 수 없지만
세간을 구제하기 위하여 출현하셨습니다.

疏

今初天이라 於中에 初二句는 卽前所遍의 法界虛空에 兼明能遍의 佛身이니 則十身皆遍이라 無窮盡者는 一은 出現無盡이니 若高山之出雲이요 二는 非滅盡法이니 猶虛空之常住라 次句는 寂靜也니 由無性故로 不可取爲一異俱不俱等이라 後句는 方便이니 合二爲力이라 此偈는 是說者의 自法故로 不結天名이니 下並準知니라

지금은 처음으로 하늘[195]이다.
그 가운데 처음 게송에 처음에 두 구절은 곧 앞에 두루할 바 법계 허공계에 능히 두루하는 불신까지 겸하여 밝힌 것이니,
곧 십신十身이 다 두루한 것이다.

---

195 처음으로 하늘이라고 한 것은, 묘염해자재 천왕이다.

끝이 없다고 한 것은, 첫 번째 구절은 출현하시는 것이 끝이 없나니 마치 높은 산에서 구름이 나오는 것과 같은 것이요,

두 번째는 사라져 다하는 법이 없나니

비유하자면 허공이 영원히 머무는 것과 같다.

다음 구절[196]은 적정이니,

자성이 없음을 인유한 까닭으로 가히 일一이다 이異다, 구俱다 불구不俱다 하는 등을 취할 수 없는 것이다.

뒤의 구절은 방편이니,

둘[197]을 합한 것이 힘(力)이 되는 것이다.

이 게송은 설하는 사람의 자기의 법인[198] 까닭으로 하늘이라는 이름을 맺지 아니하였나니,[199]

이 아래[200]는 아울러 여기를 기준하면 알 수가 있을 것이다.

---

[196] 다음 구절이란, 제삼구이니, 적멸하여 자성이 없어 가히 취할 수 없다 한 것이다.
[197] 둘이라고 한 것은, 위에 적정과 여기에 방편이다.
[198] 이 게송은 설하는 사람의 자기의 법이라고 한 것은, 묘염해 천왕이 설하는 법이다.
[199] 하늘이라는 이름을 맺지 아니하였다고 한 것은, 보통 한 천왕이 열 가지 게송으로 여래를 찬송하는데 이 게송에는 다음 게송 등에서 말하는 이것은 자재명칭 천왕의 증득한 바(此는 自在名之所證)라는 하늘의 이름을 맺는 것이 없다는 것이다.
[200] 이 아래라고 한 것은, 이 아래 가애락 천왕의 게송 등이니 영인본 화엄 2책, p.747, 9행이다.

鈔

一에 出現無盡等者는 然이나 還源觀에 說有三遍하니 一은 一塵이 普周法界遍이니 即經에 充滿法界無窮盡이요 二는 一塵이 出生無盡遍이니 即疏에 前意요 三은 一塵이 含容空有遍이니 即疏에 後意라 不可取爲一異等者는 普遍諸會는 此應有異요 充滿法界는 此應唯一이나 今性相俱寂일새 故皆叵得이라 若有一異인댄 則合此爲俱로대 一異既亡거니 俱從何有리요 若有俱句인댄 遣此雙非로대 俱句已無거니 雙非寧立이리요 故로 四句皆遣하고 百非俱亡하야 寂乎唯寂하니라 而言等者는 亦不可說有無等四와 眞應等殊이니 唯證相應耳니라

첫 번째 구절은 출현하시는 것이 끝이 없다고 한 등은, 그러나 『망진환원관妄盡還源觀』[201]에 삼변三遍이 있다고 설하였으니,
첫 번째는 한 티끌이 널리 법계에 두루하는 변遍이니
곧 경에서 법계에 충만하여 끝이 없다고 한 것이요,
두 번째는 한 티끌이 끝이 없음을 출생하는 변遍이니
곧 소문(疏)에 앞의 뜻이요,[202]
세 번째는 한 티끌이 공과 유有를 포함하여 용납하는 변遍이니
곧 소문(疏)에 뒤의 뜻이다.[203]

---

201 『망진환원관妄盡還源觀』은, 일권으로 현수의 저술이다.
202 소문(疏)에 앞의 뜻이라고 한 것은, 첫 번째 출현하시는 것이 끝이 없다 한 것이다.

가히 일一이다 이異다 하는 등을 취할 수 없다고 한 것은, 널리 모든 대법회에 두루한다고 한 것은 이것은 응당 이異가 있어야 할 것이요,

법계에 충만하다고 한 것은 이것은 응당 오직 일一뿐이지만, 지금에는 자성(性)과 모습(相)이 함께 적멸하기에 그런 까닭으로 다 얻을 수 없는 것이다.

만약 일一과 이異가 있다고 한다면 곧 이것을 합하여 구구俱를 삼지만, 일一과 이異가 이미 없거니 구구俱가 무엇으로 좇아 있겠는가.

만약 구구俱句[204]가 있다면 이 쌍비雙非를 보내야 할 것이지만, 구구俱句가 이미 없거니 쌍비를 어찌 세우겠는가.

그런 까닭으로 사구四句를 다 보내고 백비百非를 함께 잃어 고요하고 오직 고요할 뿐이다.

등等이라고 말한 것은 또한 가히 유有와 무無 등의 사구四句와 진신眞身과 응신應身 등의 다름을 설할 수 없나니,

오직 증득한 사람만이 여기에 상응할 뿐이다.

---

203 소문(疏)에 뒤의 뜻이라고 한 것은, 두 번째 사라져 다하는 법이 없다는 것이다. 말하자면 이미 한 티끌이 공과 유를 포함하여 용납한다고 하였다면 곧 공이 이미 상주하는 까닭으로 한 티끌도 또한 사라져 다하는 법이 없는 것이라고 『잡화기』는 말하고 있다. 두 번째 사라져 다하는 법이 없다는 것이다 한 것은 나의 말이다.

204 구구俱句는 네 가지 가운데 하나이니 유구有句는 일一이고, 무구無句는 이異이고, 역유역무亦有亦無는 구구俱句이고 쌍조雙照이며, 비유비무非有非無는 불구不俱이고 쌍비雙非이다.

◯ 經

如來法王出世間하사　能然照世妙法燈에
境界無邊亦無盡하시니　此自在名之所證이니다

여래의 법왕이 세간에 출현하여
능히 세간을 비추는 묘한 법등을 켜심에
경계가 끝이 없고 또한 다함이 없으시니
이것은 자재명칭 천왕의 증득한 바입니다.

◯ 疏

二中에 初句는 是上自在니 佛爲法王하야 於法自在故라 次句는 觀也요 第三句는 普也요 後句는 結法屬人이니 爲他說故라 然其 結名은 義同法門이나 恐繁不配하니 他皆倣此니라

두 번째 게송 가운데 처음 구절은 이 위에 자재라 한 것이니,[205] 부처님이 법왕이 되어 법에 자재한 까닭이다.
다음 구절은 위에 관觀이라[206] 한 것이요,

---

205 위에 자재라 한 것이라고 한 것은, 영인본 화엄 2책, p.712, 1행 처음 구절에 자재명칭광 천왕自在名稱光天王이라 한 것이다.
206 두 번째 위에 관觀이라 하고 세 번째 위에 보普라 한 것이라고 한 것은, 영인본 화엄 2책, p.712, 1행에는 보관普觀이라 하였다. 즉 p.712, 1행 제 두 번째 구절에 보관일체법普觀一切法이라 한 것이다.

제 세 번째 구절은 위에 보품라 한 것이요,
뒤에 구절은 법문을 맺고 사람에게 섭속시키는 것이니,
다른 이를 위하여 설하는[207] 까닭이다.
그러나 그 이름을 맺는 것(結名)[208]은 뜻이 법문과 같지만 번잡함을
싫어하여 배속하지 아니하였으니,
다른 게송도 다 이것을 본받을 것이다.

---

207 다른 이를 위하여 설한다고 한 것은, 『잡화기』에 말하기를 다른 왕을 위하여 저 자재명칭 천왕이 얻은 바 법을 설하는 것이다 하였다.
208 이름을 맺는다고 한 것은 여기에 끝 구절이고, 법문이라고 한 것은 위에 끝 구절이니 영인본 화엄 2책, p.712, 1행이다.

經

佛不思議離分別하사   了相十方無所有하시고
爲世廣開淸淨道하시니   如是淨眼能觀見이니다

부처님은 부사의하여 분별을 떠나
그 모습(相)이 시방에 있는 바가 없는 줄 요달하시고
세간을 위하여 청정한 도를 널리 여시니
이와 같은 것은 청정공덕안 천왕이 능히 보았습니다.

疏

三中에 初句는 無功用也니 不思議는 是標요 離分別은 是釋이라 次句는 卽不生等이니 相卽生等이요 無卽不義라 第三句는 卽行也라 長行은 約要先知法無生하야사 方得成無功用거니와 偈則要無分別하야사 方能見法無生이니 內證與外用同時일새 所以二文前後하니라

세 번째 게송 가운데 처음 구절은 위에 무공용이라 한 것이니
부사의라고 한 것은 한꺼번에 표한 것이요,
분별을 떠났다고 한 것은 따로 해석한 것이다.
다음 구절은 곧 위에 난 적도 없다고 한 등[209]이니

---

[209] 등이란, 사라지고 가고 오는 모습을 등취한 것이다.

모습(相)이라고 한 것은 곧 나고 사라진다 한 등이요,
없다(無)고 한 것은 곧 위에 불不의 뜻이다.
제 세 번째 구절은 곧 위에 행行이다.

장행문은 먼저 법이 난 적이 없는 줄 알기를 요망하여야 바야흐로 무공용을 얻어 이룸을 잡았거니와,
게송은 곧 분별이 없음을 요망하여야 바야흐로 능히 법이 난 적이 없음을 봄을 잡았으니,
안으로 증득한 것이 밖의 작용으로 더불어 동시이기에 그런 까닭으로 두 문장²¹⁰을 앞뒤로 하였다.

---

210 두 문장이란, 장행문과 게송문이다. 즉 이 게송문과 장행문을 앞뒤로 대조하여 설명하였다는 것이다.

經

如來智慧無邊際하사　　一切世間莫能測하며
永滅衆生癡暗心하시니　大慧入此深安住하니다

여래의 지혜는 끝이 없어서
일체 세간이 능히 측량할 수 없으며
영원히 중생의 어리석음의 어두운 마음을 소멸하시니
가애락대혜 천왕이 여기에 들어가 깊이 편안하게 머뭅니다.

疏

四中에 初句는 明廣이요 次句는 明深이니 卽上智慧海也라 第三句는 自見法實일새 故能令物로 不迷事理케하니라

네 번째 게송 가운데 처음 구절은 넓음(廣)[211]을 밝힌 것이요,
다음 구절은 깊음(深)을 밝힌 것이니
곧 위에 지혜의 바다[212]라고 한 것이다.
제 세 번째 구절은 스스로 법의 실상을 보기에 그런 까닭으로 능히 중생으로 하여금 사실과 진리에 미혹하지 않게 하는 것이다.

---

[211] 처음에 광廣과 다음에 심深이라고 한 것은, 영인본 화엄 2책, p.726, 9행 소문에 광과 심에 대하여 이미 밝혔다.
[212] 위에 지혜의 바다라고 한 것은, 곧 장행문에 지혜해탈문을 말한다.

> 經

如來功德不思議하야　　衆生見者煩惱滅하며
普使世間獲安樂케하나니　不動自在天能見이니다

여래의 공덕은 사의할 수 없어서
중생들이 보는 사람마다 번뇌를 소멸하며
널리 세간으로 하여금 안락을 얻게 하나니
부동광자재 천왕이 능히 보았습니다.

> 疏

五中에 初句는 方便定也요 次二句는 與安樂也라

다섯 번째 게송 가운데 처음 구절은 위에 큰 방편의 선정이라고 한 것이요,
다음에 두 구절은 위에 안락을 준다고 한 것이다.[213]

---

213 처음 구절 등이라고 한 등은, 진실인즉 부사의 공덕이 또한 저 안락에 통하고, 다음에 두 구절이라고 한 등은, 진실인즉 번뇌를 소멸하여 생기지 않게 하는 것이 곧 저 선정에 해당하는 것이다. 그러한즉 부처님이 스스로 구족한 공덕을 거명擧明한 가운데 안락을 생략하고, 부처님이 세간 사람에게 안락을 주는 공덕을 밝힌 가운데 선정을 생략한 것은 다만 이 문장이 그윽이 생략되었을 뿐이라고 『잡화기』는 말하고 있다.

經

衆生癡暗常迷覆일새　如來爲說寂靜法하시니
是則照世智慧燈이라　妙眼能知此方便이니다

중생이 어리석음의 어둠으로 항상 미혹하여 덮여 있기에
여래가 그들을 위하여 적정법을 설하시니
이것은 곧 세간을 비추는 지혜의 등불입니다.
묘장엄안 천왕이 능히 이 방편을 알았습니다.

疏

六中에 初句는 卽前癡闇이니 謂長迷妄境하야 鎭覆眞心也라 次句는 卽令觀寂靜이요 次句는 因滅無明하야 則得爀然三菩提明이니 是前滅義니라

여섯 번째 게송 가운데 처음 구절은 곧 앞에 모든 어리석음의 어둠이라 한 것이니,
말하자면 길이 허망한 경계를 미혹하여 길이[214] 진심眞心을 덮은 것이다.
다음 구절은 곧 위에 하여금 적정법을 관찰케 한다고 한 것이요,
다음 구절은 무명이 소멸함을 인하여 곧 밝은 삼보리三菩提[215]의

---

214 鎭은 오래 진이니, 길이라는 뜻이다.

광명을 얻는 것이니,
이것은 앞에 소멸(滅)의 뜻이다.²¹⁶

鈔

因滅無明하야 則得熾然三菩提明者는 卽涅槃二十一이니 南經十九 高貴德王菩薩品이라 因瑠璃光菩薩이 欲來放光하야 佛問文殊하니 文殊가 初入第一義하야 答云호대 世尊이시여 如是光明은 名爲智慧 니 智慧者는 卽是常住니다 常住之法은 無有因緣거니 云何佛問호대 何因緣故로 有是光明고하야 廣說無因緣竟하고 末後云호대 世尊이 시여 亦有因緣하니 因滅無明하야 則得熾然阿耨多羅三藐三菩提燈 이니다하니 今略義引耳니라

무명을 소멸함을 인하여 곧 밝은 삼보리의 광명을 얻는다고 한 것은 곧 『열반경』 이십일권이니, 남장경은 십구권으로 고귀덕왕보 살품이다.
유리광보살이 와서 광명을 놓고자 함을 인하여 부처님이 문수보살에 게 그 이유를 물으니,²¹⁷

---

215 삼보리三菩提는 세 가지 보리가 아니라 아뇩다라삼먁삼보리의 준말이다.
216 앞에 소멸(滅)의 뜻이라고 한 것은, 영인본 화엄 2책, p.727 멸제치암포滅諸痴 暗怖, 즉 모든 어리석음의 어둠의 두려움을 소멸한다 한 것이다.
217 부처님이 문수보살에게 그 이유를 물으니 운운한 것은, 『원각경』 규봉스님 초문에 말하기를 답광명어열반자答光名於涅槃者가 즉차야卽此也, 즉 광명을 열반이라고 답한 『원각경』의 뜻이 여기서 말하는 광명이 지혜가 된다고

문수보살이 처음 제일의第一義에 들어가서 답하여 말하기를 세존이시여, 이와 같은 광명은 이름이 지혜가 되나니
지혜는 곧 영원히 머무는 것입니다.
영원히 머무는 법은 인연이 없는 것이거니, 어떻게 부처님께서 묻기를 무슨 인연 때문에 이런 광명이 있는가 하십니까 하여 널리 인연이 없음을 설하여 마치고, 말후에 말하기를 세존이시여, 또한 인연이 있나니
무명이 소멸함을 인하여 곧 밝은 아뇩다라삼막삼보리의 등불(燈)[218]을 얻습니다 하였으니,
지금에는 생략하고 뜻으로만 인용하였을 뿐이다.

한 것과 맥락을 같이 한다는 뜻이다.
218 등불(燈)이란, 소초에서는 광명(明)이라 하였으니 눈여겨볼 것이다.

經

如來淸淨妙色身이 普現十方無有比나
此身無性無依處하나니 善思惟天所觀察이니다

여래의 청정하고 묘한 색신이
널리 시방에 나타남에 비교할 이 없으나
이 여래의 몸은 자성도 없고 의지처도 없나니
선사유광명 천왕이 관찰하는 바입니다.

疏

七中에 初二句는 卽善入無邊境이니 無邊境은 卽所應處也라 無有比는 善也라 次句에 無性者는 感而應故요 無依者는 思念寂故니 由此能令物로 不造業케하니라

일곱 번째 게송 가운데 처음에 두 구절은 곧 위에 끝없는 경계에 잘 들어간다고 한 것이니,
끝없는 경계라고 한 것은 곧 응할 바 처소이다.
비교할 이가 없다고 한 것은 위에 잘(善)이라고 한 것이다.
다음 구절에 자성도 없다고 한 것은 감동케 함에 응하는 까닭이요,
의지처도 없다고 한 것은 사념思念이 고요한 까닭이니,
이것을 인유하여 능히 중생으로 하여금 업을 짓지 않게 하는 것이다.

經

如來音聲無限礙하야　　堪受化者靡不聞이나
而佛寂然恒不動하시니　此樂智天之解脫이니다

여래의 음성은 한계도 없고 걸림도 없어서
교화를 받아 감당할 이는 듣지 못함이 없지만
부처님은 고요하여 항상 동요하지 않으시니
이것은 가애락대지 천왕의 해탈입니다.

疏

八中에 初二句는 卽普往十方說法이요 次一句는 卽不動無依니라

여덟 번째 게송 가운데 처음에 두 구절은 곧 위에 널리 시방에 가서 설법한다고 한 것이요,
다음에 한 구절은 곧 위에 동요하지도 않고 의지하는 바도 없다고 한 것이다.

經

寂靜解脫天人主이　　十方無處不現前하시고
光明照耀滿世間하시니　此無礙法嚴幢見이니다

적정해탈자 하늘땅의 주인이
시방에 현전現前하지 않는 곳이 없으시고
광명의 비침이 세간에 넘쳐나시니
이것은 걸림 없는 법으로 보음장엄당 천왕이 보았습니다.[219]

疏

九中에 初句는 卽入寂靜境이요 次二句는 卽普現光明이니라

아홉 번째 게송 가운데 처음 구절은 곧 위에 부처님의 적정의 경계에
들어간다고 한 것이요,
다음에 두 구절은 곧 위에 널리 광명을 나타낸다고 한 것이다.

---

219 원문에 차무애법엄당견此無礙法嚴幢見이라고 한 것은 보음장엄당 천왕普音莊嚴幢天王이다. 또 다른 해석으로는 이것은 무애법장엄당 천왕이 보았습니다 라고 할 수 있나니, 이때에 무애법無礙法은 보음普音을 말하는 것이라 할 수 있다.

經

佛於無邊大劫海에　　爲衆生故求菩提하시고
種種神通化一切하시니　名稱光天悟斯法이니다

부처님이 끝없는 큰 세월 바다에
중생을 위한 까닭으로 보리를 구하시고
가지가지 신통으로 일체중생을 교화하시니
명칭광선정진 천왕이 이 법을 깨달았습니다.

疏

十中에 初十一字는 卽無邊境으로 爲所緣이요 求菩提는 卽自所悟
處라 次句는 旣緣其境인댄 必起通化니 前文略耳니라

열 번째 게송 가운데 처음에 열한 글자는 곧 위에 끝없는 경계로
반연할 바를 삼는다고 한 것이요,
보리를 구한다고 한 것은 곧 위에 스스로 깨달은 바 처소라고 한
것이다.
다음 구절은 이미 그 경계를 반연하였다면 반드시 신통으로 교화함[220]
을 일으켜야 하나니,
앞의 문장에서는 신통으로 교화함이 생략되었다.

---

[220] 원문에 통화通化는, 경문 제삼구에 종종신통화일체種種神通化一切라 한 말의
줄임말이다.

經

復次 可愛樂法光明幢天王은 得普觀一切衆生根하야 爲說法斷疑하는 解脫門하며

다시 가애락법광명당 천왕[221]은 널리 일체중생의 근기를 관찰하여 설법해 의심을 끊게 하는 해탈문을 얻었으며

疏

第二는 明第四禪의 廣果天이라 長行十法中에 一에 普觀等者는 此應根授法이니 明於不知根하고 說法無果障中에 得解脫也라 斷疑生信이 是說法果故니 謂觀機識病하고 稱根說法하야 藥病無謬하야사 故로 疑除疾愈니라

제 두 번째는[222] 제사선의 광과천廣果天을 밝힌 것이다.
장행문 십법 가운데 첫 번째 널리 일체중생의 근기를 관찰한다고 한 등은, 이것은 근기에 응하여 법을 설하여 준 것이니
근기를 알지 못하고 설법함에 결과가 없다는 장애 가운데서 해탈을 얻은 것을 밝힌 것이다.
의심을 끊고 믿음을 내게 하는 것이 이것이 설법의 결과인 까닭이니,

---

221 가애락법광명당 천왕은, 제구지에 속한다.
222 제 두 번째라고 한 것은, 첫 번째는 묘염해 천왕이었다.

말하자면 근기를 관찰하여 병을 알고, 근기에 칭합하여 설법하여 약과 병이 잘못됨이 없어야 그런 까닭으로 의심이 제거되고 병이 낫게 되는 것이다.

經

淨莊嚴海天王은 得隨憶念令見佛하는 解脫門하며

정장엄해 천왕은 기억하고 생각함을 따라 하여금 부처님을 보게 하는 해탈문을 얻었으며

疏

二中에 隨憶念言은 略有二意하니 一은 隨念何佛하야 如名應之요 二는 隨念有淺深하야 令見佛有麁妙케하나니 此는 於現身에 得解脫也니라

두 번째 가운데 기억하고 생각함을 따른다고 한 말은 간략하게 두 가지 뜻이 있나니
첫 번째는 어떠한 부처님을 생각함을 따라 이름과 같이 응하는 것이요,
두 번째는 생각이 깊고 얕음이 있음을 따라 하여금 부처님이 추麁하고 묘妙함223이 있음을 보게 하나니,
이것은 몸을 나투는 데서 해탈을 얻은 것이다.

---

223 묘하다고 한 것은, 세細의 뜻이다.

ⓔ 經

最勝慧光明天王은 得法性平等하야 無所依하는 莊嚴身의 解脫門하며

최승혜광명 천왕은 법성이 평등하여 의지할 바가 없는 장엄신의 해탈을 얻었으며

ⓔ 疏

三中에 法性平等者는 唯一味也요 無所依者는 離能所也요 莊嚴身者는 證眞莊嚴이 卽非莊嚴일새 故로 雖現世間이나 還如法性하야 不依諸有하나니 此는 於有依에 得解脫也니라

세 번째 가운데 법성이 평등하다고 한 것은 오직 일미一味일 뿐이요,
의지할 바가 없다고 한 것은 능·소를 떠난 것이요,
장엄신이라고 한 것은 진장엄이 곧 장엄이 아닌 줄 증득하였기에 그런 까닭으로 비록 세간에 나타나지만 도리어 법성과 같아서 제유諸有에 의지하지 않나니,
이것은 의지하는 바가 있는 데서 해탈을 얻은 것이다.

> 經

自在智慧幢天王은 得了知一切世間法하야 一念中安立不思議莊嚴海하는 解脫門하며

자재지혜당 천왕은 일체 세간의 법을 요지了知하여 한 생각 가운데 사의할 수 없는 장엄의 바다를 안립安立하는 해탈문을 얻었으며

> 疏

四中에 知世間法者는 謂衆生世間의 心法各異를 知已隨宜하야 現通說法일새 故云安立이라하니라 一念速安은 非人天外道가 所能思議니 以此莊嚴如來敎海니라 此는 於安立敎法하야 遲鈍障에 得解脫也니라

네 번째 가운데 세간의 법을 요지한다고 한 것은, 말하자면 중생세간의 심법心法이 각각 다름을 알아 마친 뒤에 마땅함을 따라 신통을 나타내어 법을 설하기에 그런 까닭으로 말하기를 안립安立한다 한 것이다.
한 생각에 속히 안립한 것은 인간과 천상에 외도들이 능히 사의할 바가 아니니,
이것으로써 여래의 교해敎海를 장엄하는 것이다.
이것은 교법敎法을 안립하여 지둔遲鈍한 장애에서 해탈을 얻은 것이다.

> 經

樂寂靜天王은 得於一毛孔에 現不思議佛刹이나 無障礙하는 解脫門하며

낙적정 천왕은 한 털구멍에 사의할 수 없는 부처님의 국토를 나타내지만 걸림이 없는 해탈문을 얻었으며

> 疏

五에 一毛等者는 約偈인댄 不思議解脫力也라 無礙에 有二義하니 一은 唯就所現이니 則毛中多刹이 自互無礙요 二는 雙就能所니 一毛不大하고 而多刹不小하야 一多大小가 皆無礙也니라 又由無大小相故니 此는 於取著障에 得解脫也니라

다섯 번째 한 털구멍이라고 한 등은, 게송을 잡는다면 부사의해탈력[224]이라 할 것이다.
걸림이 없다(無礙)[225]는 것에 두 가지 뜻이 있나니,
첫 번째는 오직 소현所現에만 나아간 것이니
곧 한 털구멍에 수많은 국토가 자연히 서로 걸림이 없는 것이요,

---

224 부사의해탈력이라고 한 것은, 영인본 화엄 2책, p.750, 3행 게송에 보면 차시제불대신통此是諸佛大神通이라 하였지 부사의해탈력이라 하지 않았다는 것이다.
225 무애無礙라고 한 것은, 불찰무애佛刹無礙이다.

두 번째는 능소에 함께 나아간 것이니
한 털구멍이 큰 것도 아니고 많은 국토가 작은 것도 아니어서 하나와 많은 것과 큰 것과 작은 것이 다 걸림이 없는 것이다.
또 큰 모습과 작은 모습이²²⁶ 없음을 인유한 까닭이니
이것은 취착取着하는 장애에서 해탈을 얻은 것이다.

---

226 또 큰 모습과 작은 모습이라고 한 등은, 이 위에는 게송의 뜻을 의지하여 작용해탈作用解脫을 해석한 것이고, 여기는 별別의 뜻을 잡아 이장해탈離障解脫을 해석한 것이다. 역시 『잡화기』의 말이다. 게송의 뜻을 의지하였다고 한 것은 영인본 화엄 2책, p.750, 3행에 차시제불대신통此是諸佛大神通이라 한 것이다. 이장해탈은 자체해탈이다.

經

普智眼天王은 得入普門하야 觀察法界하는 解脫門하며

보지안 천왕은 넓은 문에 들어가서 법계를 관찰하는 해탈문을 얻었으며

疏

六에 普門者는 一門이 攝一切門일새 名爲普門이요 隨一一門하야 各全收法界일새 故로 於其中에 觀察法界요 深智契達일새 故名爲 入이니 此는 於隨相中에 得解脫이니라

여섯 번째 넓은 문이라고 한 것은 한 문이 일체 문을 섭수하기에 이름을 넓은 문이라 한 것이요,
낱낱 문을 따라서 각각 법계를 온전히 거두기에 그런 까닭으로 그 가운데 법계를 관찰한다 한 것이요,
깊은 지혜로 계합하여 통달하기에 그런 까닭으로 이름을 들어간다 (入) 한 것이니,
이것은 모습[227]을 따르는 가운데서 해탈을 얻은 것이다.

---

227 모습이란, 낱낱 문門의 모습이다.

經

樂旋慧天王은 得爲一切衆生하야 種種出現이나 無邊劫에 常現前하는 解脫門하며

낙선혜 천왕은 일체중생을 위하여 가지가지로 출현하지만 끝없는 세월에 항상 앞에 나타나는 해탈문을 얻었으며

疏

七中에 衆生無邊하고 根器各異일새 應形說法도 種種不同하며 旣根熟不休일새 故로 窮劫長現하나니 此는 於畏苦하야 不化生障에 得解脫이니라

일곱 번째 가운데 중생이 끝이 없고 근기가 각각 다르기에 형상에 응하여 설법하는 것도 가지가지로 같지 아니하며,
이미 근기가 성숙된 중생이 쉼 없이 많기에 그런 까닭으로 세월이 다하도록 길이 앞에 나타나나니,
이것은 고통이 두려워 화현으로 출생하지 않는 장애에서 해탈을 얻은 것이다.

經

善種慧光明天王은 得觀一切世間境界하야 入不思議法하는 解脫門하며

선종혜광명 천왕은 일체 세간의 경계를 관찰하여 사의할 수 없는 법에 들어가는 해탈문을 얻었으며

疏

八中에 觀一切等者는 謂觀事入理에 理超情表일새 云不思議니 此는 於諸業報에 得解脫이니라

여덟 번째 가운데 일체 세간의 경계를 관찰한다고 한 등은, 말하자면 사실을 관찰하여 진리(理)에 들어감에[228] 진리(理)가 망정(情) 밖을 뛰어나기에 사의할 수 없다 말한 것이니,
이것은 모든 업보에서[229] 해탈을 얻은 것이다.

---

228 사실을 관찰하여 진리에 들어간다고 한 등은, 이 가운데 우선 사실과 진리를 상대하고자 한 까닭으로 진실로 사의할 수 없는 법으로 다만 진리라 이름하여 위에 세간의 사실을 상대한 것일지언정 진실인즉 사의할 수 없는 법이 사실과 진리에 통하는 것이니, 말하자면 사실에 즉한 진리인 까닭으로 가히 진리로써 사의할 수 없고, 진리에 즉한 사실인 까닭으로 가히 사실로써 사의할 수 없는 것이니, 이 뜻은 아래 게송 가운데를 볼 것이다. 『잡화기』의 말이다.
229 이것은 모든 업보라 한 등은, 진리는 이 법신이고, 법신은 곧 모든 업으로 얽어 매인 고통의 모습을 떠난 까닭이라고 『잡화기』는 말한다.

> 經

無垢寂靜光天王은 得示一切衆生으로 出要法하는 解脫門하며

무구적정광 천왕은 일체중생으로 하여금 고통에서 벗어나게 하는 중요한 법문을 시현하는 해탈문을 얻었으며

> 疏

九中에 法門無邊이나 出者爲要요 根器萬品일새 故로 出要難思니 此는 於著相에 得解脫이니라

아홉 번째 가운데 법문이 끝이 없지만[230] 고통에서 벗어나게 하는 것이 중요함(要)이 되는 것이요,
근기根器가 만 가지이기에 그런 까닭으로 벗어나게 하는 중요한 법문을 사의하기 어렵나니[231]
이것은 집착하는 모습에서 해탈을 얻은 것이다.

---

230 법문이 끝이 없다고 한 등은, 수많은 법문 가운데 사람으로 하여금 고통에서 벗어나게 하는 것이 가장 중요한 것이 된다는 것이다.
231 근기가 만 가지라고 한 등 근기가 많은 까닭으로 게송에 말하기를 벗어나게 하는 중요한 법문을 사의하기 어렵다 하였으니, 사의하기 어렵다는 것은 곧 많다는 것이다. 벗어나게 하는 중요한 법문이라고 한 것은 여기에서 말하는 출요법해탈문이다.

經

廣大淸淨光天王은 得觀察一切應化衆生하야 令入佛法케하는 解脫門하니라

광대청정광 천왕은 일체 응당 교화할 중생을 관찰하여 하여금 불법에 들어가게 하는 해탈문을 얻었습니다.

疏

十中에 種種方便으로 但隨所應하야 終成種智일새 名入佛法이니 以大悲出現하야 皆等雨故라 此는 於不欲利生에 得解脫이니라 上 云出要는 令離妄苦요 今云入法은 令得眞樂也니라

열 번째 가운데 가지가지 방편으로 다만 응당 교화할 바를 따라서 마침내 종지種智를 이루게 하기에 이름을 불법에 들어가게 한다고 하였으니,
대비로 출현하여 다 평등하게 진리의 비를 내리는 까닭이다.
이것은 중생을 이익케 하고자 하지 않는 장애에서 해탈을 얻은 것이다.
위에서 말하기를 고통에서 벗어나게 하는 중요한 법문이라고 한 것은 하여금 허망한 고통을 떠나게 하는 것이요,
지금에 말하기를 불법에 들어가게 한다고 한 것은 하여금 참다운 즐거움을 얻게 하는 것이다.

經

爾時에 可愛樂法光明幢天王이 承佛威力하야 普觀一切少廣天과 無量廣天과 廣果天衆하고 而說頌言호대

그때에 가애락법광명당 천왕이 부처님의 위신력을 받아 널리 일체 소광천과 무량광천과 광과천의 대중을 관찰하고 게송을 설하여 말하기를

疏

頌中에 觀己衆內에 三類天者는 上五淨居는 非所被故니라 十偈次第는 一如長行하니라

게송 가운데 자기의 대중 안에 삼류三類의 하늘[232]을 관찰한다고 한 것은, 위에 오정거천五淨居天[233]은 여기에 미치는 바가 아닌[234] 까닭이다.
열 게송의 차례는 장행문과 같다.

---

232 삼류三類의 하늘이라고 한 것은 소광천과 무량광천과 광과천이다.
233 위에 오정거천五淨居天이라고 한 것은, 색계 제사선의 구천九天 가운데 성문의 제삼과인 아나함과를 증득한 사람이 태어나는 다섯 하늘이니, 즉 무번천·무열천·선견천·선현천·색구경천이다.
234 미치는 바(所被)가 아니라고 한 것은 해당되는 바가 아니라는 뜻이다.

經

諸佛境界不思議일새　一切衆生莫能測이며
普令其心生信解로대　廣大意樂無窮盡이니다

모든 부처님의 경계는 사의할 수 없기에
일체중생이 능히 측량할 수 없으며
널리 그 중생의 마음으로 하여금 믿음과 지해를 내게 하지만
광대한 마음의 즐거움은 다함이 없습니다.

疏

初中에 前二句는 卽所疑境界이니 境界之言은 通分齊所觀이라 普令者는 觀根爲說故요 生信解者는 斷疑也니 信佛大用의 分齊難測일새 故斷佛上疑하고 生其正解하며 信佛所觀之境일새 則斷法上疑하고 亦生正解하니 謂如有疑云호대 爲存因果하야 非眞空耶아 爲是空故로 無因果耶아할새 今明只由眞空하야 能立因果하고 因果立故로 乃是眞空也니라 第四句는 釋一切之言이니 佛以利生으로 爲意樂故며 旣該一切일새 故로 廣大無盡하니라

처음 게송 가운데 앞의 두 구절은 곧 의심할 바 경계[235]이니,

---

[235] 의심할 바 경계라고 한 것은, 부처님의 경계는 불가사의하여 의심할 수밖에 없는 경계라는 뜻이다.

경계라고 말한 것은 분제分齊와 소관所觀에 통하는 것이다.[236]

널리 그 마음으로 하여금이라고 한 것은 근기를 관찰하여 설하기 위한 까닭이요,

믿음과 지해를 내게 한다고 한 것은 의심을 끊게 하는 것이니, 부처님의 광대한 작용의 분제가 측량하기 어려움을 믿기에 그런 까닭으로 부처님의 분상(上)에 의심을 끊고 그 바른 지해知解를 내며,

부처님의 소관所觀의 경계를 믿기에 곧 진리의 분상(上)에 의심을 끊고 또한 바른 지해를 내나니,

말하자면 어떤 사람이[237] 의심하여 이르기를 인과가 있어서 진공이 아닌가, 이 진공인 까닭으로 인과가 없는가 하기에, 지금에는 다만 진공만을 인유하여 능히 인과를 성립하고, 인과가 성립된 까닭으로 이에 진공임을 밝힌 것이다.

제 네 번째 구절은 일체라는 말을 해석한 것이니,

---

236 경계라고 말한 것은 분제와 소관에 통한다고 한 것은, 부처님의 분제 경계는 곧 부처님의 신상에 큰 작용의 분제는 측량하기 어려운 까닭으로 의심이 있는 것이니 이것은 부처님의 분상에 대한 의심이요, 소관은 부처님의 관찰하는 바 법의 분상에 의심이 있는 것이다. 분제의 경계는 부처님이 곧 경계이고, 소관의 경계는 곧 부처님의 경계이다. 『잡화기』는 분제는 십법계十法界 무장애 신운身雲 등이 이것이고, 소관은 진·속 경계 등이 이것이다 하였다.
237 말하자면 어떤 사람이라 한 등은, 다만 법의 분상에 의심한 것에 대하여 답한 것을 밝힌 것이니, 의심하는 가운데 인과가 있어서 운운한 것은 속제의 경계로써 진제의 경계를 의심한 것이고, 이 진공인 까닭으로 운운한 것은 진제의 경계로써 속제의 경계를 의심한 것이라고 『잡화기』는 말하고 있다.

부처님은 중생을 이익케 함으로써 마음에 즐거움을 삼는 까닭이며, 이미 일체를 해라 하였기에 그런 까닭으로 광대하여 다함이 없다[238] 한 것이다.

鈔

只由眞空하야 能立因果下는 答上疑念이니 此句는 明其以有空義故로 一切法得成이라 若無有空義인댄 因果定有하야 便墮於常이리라 言因果立故로 乃是眞空者는 卽因緣故로 空義니 若離因果하야 以明空者인댄 是斷空故니라

다만 진공만을 인유하여 능히 인과를 성립하였다고 한 아래는 위에 의심하는 생각을 답한 것이니,
이 구절은 그것이 공의 뜻이 있는 까닭으로 일체법이 성립함을 얻음을 밝힌 것이다.
만약 공의 뜻이 없다고 한다면 인과가 결정코 있는 것이어서 문득 영원히 있다는 것(常有)에 떨어질 것이다.
인과가 성립된 까닭으로 이에 진공임을 밝힌다고 말한 것은 곧 인연인 까닭으로 공의 뜻이니,
만약 인과를 떠나서 공을 밝히려 한다면 이것은 단멸공인 까닭이다.

---

238 광대하여 다함이 없다고 한 것은, 마음에 즐거움이 광대하여 다함이 없다는 것이다.

經

若有衆生堪受法인댄　　佛威神力開導彼하야
令其恒覩佛現前케하나니　嚴海天王如是見이니다

만약 어떤 중생이라도 법을 받아 감당할 사람이라면
부처님의 위신력으로 저 중생을 개도開導하여
그로 하여금 항상 부처님이 현전함을 보게 하나니
정장엄해 천왕이 이와 같이 보았습니다.

疏

二中에 初句는 卽憶念이요 次二句는 令見佛이라

두 번째 게송 가운데 처음 구절은 곧 위에[239] 기억하고 생각한다고 한 것이요,
다음에 두 구절은 위에 하여금 부처님을 보게 한다고 한 것이다.

---

239 위에라고 한 것은, 다 장행문을 가리키는 줄 가히 알 수 있을 것이다.

經

一切法性無所依하고　　佛現世間亦如是하야
普於諸有無依處하나니　此義勝智能觀察이니다

일체법의 자성이 의지하는 바가 없고
부처님이 세간에 출현하심도 또한 이와 같아서
널리 제유諸有에 의지하는 곳이 없나니
이 뜻은 최승지광명 천왕[240]이 능히 관찰하였습니다.

疏

三中에 初句는 則法性平等無依요 次二句는 卽莊嚴身이니 謂如
法性爲嚴일새 故無依處니라

세 번째 게송 가운데 처음 구절은 곧 위에 법성이 평등하여 의지할
바가 없다고 한 것이요,
다음에 두 구절은 곧 위에 장엄신이라고 한 것이니,
말하자면 저 법의 자성으로 장엄을 삼기에 그런 까닭으로 의지하는
곳이 없다는 것이다.

---

[240] 최승지광명 천왕은, 위에서는 최승혜광명 천왕이라 하여 혜慧 자로 되어
있다. 승지勝智, 승혜勝慧의 차이이다.

經

隨諸衆生心所欲하야　　佛神通力皆能現호대
各各差別不思議하나니　此智幢王解脫海니이다

모든 중생이 마음에 욕망하는 바를 따라서
부처님이 신통력으로 다 능히 나타내시지만
각각 차별함을 사의할 수 없나니
이것은 자재지혜당 천왕의 해탈 바다입니다.

疏

四中에 初一句는 卽了一切世間이요 次二句는 卽一念에 安立不思議莊嚴海니라

네 번째 게송 가운데 처음에 한 구절은 곧 위에 일체 세간을 요지한다고 한 것이요,
다음에 두 구절은 곧 위에 한 생각 가운데 사의할 수 없는 장엄의 바다를 안립한다고 한 것이다.

經

過去所有諸國土를　　一毛孔中皆示現은
此是諸佛大神通이시니　愛樂寂靜能宣說이다

과거에 있던 바 모든 국토를
한 털구멍 가운데 다 시현하는 것은
이것은 모든 부처님의 큰 신통력이시니
애락적정[241] 천왕이 능히 선설하였습니다.

疏

五中에 初二句는 卽毛孔現刹이라 上云不思議佛刹은 但以橫多요 今云過去는 乃豎窮前際니라 皆示現者는 如鏡現像이라 次一句는 是無障礙니 令應度者見은 卽佛神通이요 依佛鏡智而觀은 乃法性恒耳니라

다섯 번째 게송 가운데 처음에 두 구절은 곧 위에 한 털구멍[242]에 사의할 수 없는 국토를 나타내었다고 한 것이다.
위에서 말하기를 사의할 수 없는 부처님의 국토라고 한 것은 다만 횡횡橫으로 많다고 하였을 뿐이요,

---

241 애락적정은 위에서는 낙적정樂寂靜이라 하였다.
242 위에 한 털구멍 운운은 영인본 화엄 2책, p.744, 8행이다.

지금에 말하기를 과거에 모든 국토라고 한 것은 이에 수竪로 전제前際까지 다한 것이다.

다 시현하였다고[243] 한 것은 마치 거울이 영상을 나타내는 것과 같다.

다음에 한 구절은 이것은 위에 걸림이 없다고 한 것이니,

응당 제도할 사람[244]으로 하여금 보게 하는 것은 곧 부처님의 큰 신통이요,

부처님의 대원경지를 의지하여 관찰하는 것은 이에 법의 자성이 항상한 것이다.

---

243 원문에 개시현皆示現이라 한 시示 자는 본래 소본에는 하下 자이나 고친 것이다. 당시 강사가 시示 자의 잘못된 글자라 하여 고쳤다. 그러나 사기私記主는 그대로 하下 자로 두는 것이 좋다 하고, 장행문과 게송문에 다 시현을 말한 까닭으로 지금 여기에 총석한 것이라 하였다. 이상은 『잡화기』의 말이다. 그러나 나는 게송문 인용구로써 시示 자로 고쳐 시현示現으로 본다.

244 응당 제도할 사람이라고 한 등은, 말하자면 중생의 근기 변에 나아가서는 이 부처님의 신통이 곧 업의 작용에 속하지만, 만약 부처님의 변에 나아가서는 이 법의 자성이 항상한 것이 곧 공덕의 모습에 속하는 것이라고 『잡화기』는 말한다.

經

一切法門無盡海가　　同會一法道場中에
如是法性佛所說이시니　智眼能明此方便이니다

일체 법문의 끝없는 바다가
한 법문의 도량 가운데 함께 모임에
이와 같은 법의 자성을 부처님이 설하시는 바이니
보지안 천왕이 능히 이 방편을 밝혔습니다.

疏

六中에 初二句는 卽普門이요 次一句는 卽法界요 末句는 義兼於入이라

여섯 번째 게송 가운데 처음에 두 구절은 곧 위에 넓은 문이라고 한 것이요,
다음에 한 구절은 곧 위에 법계라고 한 것이요,
끝 구절은 뜻이 위에 들어간다고 한 것을 겸하였다.[245]

---

245 뜻이 위에 들어간다고 한 것을 겸하였다고 한 것은, 앞에서 득입보문得入普門하야 관찰법계觀察法界라 하니, 여기에 능명차방편能明此方便의 뜻으로 명明 자와 입入 자의 의미가 상통한다 하겠다.

經

十方所有諸國土에　　悉在其中而說法이나
佛身無去亦無來시니　愛樂慧旋之境界이니다

시방에 있는 바 모든 국토에
다 그 가운데 있어서 설법하지만
부처님의 몸은 간 적도 없고 또한 온 적도 없으시나니
애락혜선[246] 천왕의 경계입니다.

疏

七中에 初二句는 卽爲一切衆生하야 種種出現이요 次句는 卽無邊劫에 常現前이니 謂約機隱顯이나 佛無去來일새 故常現也니라

일곱 번째 게송 가운데 처음에 두 구절은 곧 위에 일체중생을 위하여 가지가지로 출현한다고 한 것이요,
다음 구절은 곧 위에 끝없는 세월에 항상 앞에 난다고 한 것이니 말하자면 중생의 근기를 잡음에 숨기도 하고 나타나기도 하지만, 부처님은 간 적도 없고 온 적도 없기에 그런 까닭으로 항상 앞에 나타나는 것이다.

---

246 애락혜선은 위에서는 낙선혜樂旋慧라 하였다.

經

佛觀世法如光影하시고　入彼甚深幽奧處하야
說諸法性常寂然하시니　善種思惟能見此니이다

부처님은 세간의 법이 빛의 그림자와 같은 줄 보시고
저 매우 깊고 그윽이 깊은 곳에까지 들어가서
모든 법의 자성이 항상 고요함을 설하시나니
선종사유善種思惟 천왕이 능히 이것을 보았습니다.[247]

疏

八中에 初句는 卽觀一切世間也요 次二句는 卽入不思議法也라 若約理論深인댄 是深非甚거니와 今不壞事하고 而卽理일새 故曰 甚深이요 全攬理以成事일새 名爲幽奧라 處는 兼上二니라 法常寂然은 釋上義也니 以諸法卽寂故로 不可以理事思也니라

여덟 번째 게송 가운데 처음 구절은 곧 위에 일체 세간의 경계를 관찰한다고 한 것이요,
다음에 두 구절은 곧 위에 사의할 수 없는 법에 들어간다고 한

---

[247] 선종사유善種思惟는 앞에서는 선종혜광명善種慧光明이라 하였으니, 선종혜광명 천왕이 사유思惟하여 능히 이것을 보았다고 해야 할지, 아니면 선종혜광명 천왕을 선종사유 천왕이라 해야 할지. 뒤의 문장을 보더라도 문맥상으로는 선종사유 천왕이라 하는 것이 맞는 듯하다.

것이다.

만약 진리(理)를 잡아서 깊음(深)을 논한다면 이 깊음(深)은 매우 깊은(甚) 것이 아니거니와

지금에는 사실(事)을 무너뜨리지 않고 진리(理)에 즉卽하기에 그런 까닭으로 말하기를 매우 깊다[248]고 하였고,

온전히 진리(理)를 잡아 사실(事)을 이루기에 이름을 그윽이 깊다고 하였다.

곳(處)이라고 한 것은 위에 두 가지[249]를 겸하였다.[250]

법의 자성이 항상 고요하다고 한 것은 위에 뜻을 해석한 것이니, 모든 법의 자성이 곧 고요한 까닭으로 가히 진리(理)와 사실(事)로써 사량할 수 없는 것이다.

---

248 원문에 심심甚深이라고 한 것은, 지금까지 앞에서는 甚深만 해석할 때는 깊고도 깊다고 해석하였다. 그러나 여기서는 事·理를 잡아 해석하기에 매우 깊다고 해석하였다.

249 원문에 上二란, 심심甚深과 유오幽奧이다. 『잡화기』는 理와 事라 하였다.

250 곳(處)이라고 한 것은 위에 두 가지를 겸하였다고 한 등은, 『잡화기』에는 상이법上二法이라 吐이고 상적연常寂然은 吐이나, 나는 지금 해석한 것과 같이 上二라 法常寂然은 吐로 본다. 그러나 『잡화기』에는 이법二法은 곧 위에 진리와 사실이 이것이니, 항상 고요하다고 한 것은 진리는 이 사실에 즉한 진리인 까닭으로 이법理法이 고요한 것이고, 사실은 이 진리를 잡은 사실인 까닭으로 사법事法이 고요한 것이다. 이것은 항상 고요하다는 것으로 위에 매우 깊고(甚深), 그윽이 깊다(幽奧)고 한 뜻을 해석한 것이다. 당시에 강사가 따로 말한 것이 있으나 간섭하여 천착할까 염려하기에 지금에는 잠시 차치한다. 이상은 역시 『잡화기』의 말이다.

◯經

佛善了知諸境界하시고　隨衆生根雨法雨하야
爲啓難思出要門하시니　此寂靜天能悟入이니다

부처님이 모든 경계를 잘 아시고
중생의 근기를 따라 진리의 비를 내려
사의하기 어려운 고통에서 벗어나게 하는 중요한 법문을 여시니
이것은 무구적정광 천왕이 능히 깨달아 들어갔습니다.

◯疏

九中에 初二句는 示一切衆生이요 次一句는 顯出要法이라

아홉 번째 게송 가운데 처음에 두 구절은 위에 일체중생이라고 한 것을 현시한 것이요,
다음에 한 구절은 위에 고통에서 벗어나게 하는 중요한 법문이라고 한 것을 현시한 것이다.

經

世尊恒以大慈悲로　　利益衆生而出現하야
等雨法雨充其器하시니　清淨光天能演說이니다

세존이 항상 큰 자비로써
중생을 이익케 하기 위하여 출현하여
평등하게 진리의 비를 내려 그 중생의 그릇에 넘쳐나게 하시니
이것은 광대청정광 천왕이 능히 연설하였습니다.

疏

十中에 初二句는 卽觀應化衆生이요 次句는 令入佛法이라

열 번째 게송 가운데 처음에 두 구절은 곧 위에 응당 교화할 중생을 관찰한다고 한 것이요,
다음 구절은 위에 하여금 불법에 들어가게 한다고 한 것이다.

經

復次 淸淨慧名稱天王은 得了達一切衆生의 解脫道方便하는 解脫門하며

다시 청정혜명칭 천왕[251]은 일체중생의 해탈도[252]와 방편을 요달하는 해탈문을 얻었으며

疏

第三은 明三禪이라 長行十法에 第一門은 卽寂普現을 名爲方便이요 說은 卽是道니 由說하야 入佛解脫海故니 此는 於體用有礙에 得解脫也라 又方便言은 亦通入解脫之方便也니라

제 세 번째는 삼선천을 밝힌 것이다.
장행문 십법에 첫 번째 문은 고요함(寂)에 즉하여 널리 나타내는[253] 것을 이름하여 방편이라 한 것이요,
설설(說說)한다고[254] 한 것은 곧 이 도道이니,

---

251 청정혜명칭 천왕 이하는, 제 여덟 번째 부동지에 속한다.
252 해탈도는 네 가지 도에 하나이니 一은 가행도加行道이고, 二는 무간도無間道이고, 三은 해탈도解脫道이고, 四는 승진도勝進道이다.
253 널리 나타낸다고 한 것은, 아래 영인본 화엄 2책, p.760, 4행에 제일송第一頌의 제이구第二句에 시방에 한량없는 세계를 널리 나타낸다 하였다.
254 설한다고 한 것은, 아래 영인본 화엄 2책, p.760, 4행에 제일송第一頌의

설說함을 인유하여 부처님의 해탈의 바다에 들어가는 까닭이니, 이것은 자체와 작용이 걸림이 있는 데서 해탈을 얻은 것이다. 또 방편이라고 한²⁵⁵ 말은 또한 해탈에 들어가는 방편에도 통하는 것이다.

제삼구第三句에 부처님의 경계의 사의할 수 없음을 설한다 하였다.
255 또 방편이라고 한 등은, 이 위에는 곧 방편이 부처님에 속하는 것이니 고요함(적체)에 즉한 작용인 까닭이고, 여기는 곧 방편이 중생에 속하는 것이니 해탈에 들어가는 원인인 까닭이라고 『잡화기』는 말한다.

經

最勝見天王은 得隨一切諸天衆所樂하야 如光影普示現하는 解脫門하며

최승견 천왕은 일체 모든 하늘 대중의 좋아하는 바를 따라서 빛의 그림자[256]와 같이 널리 시현하는 해탈문을 얻었으며

疏

第二門에 隨一切等者는 謂不能普現에 得解脫也라 光影之言은 略有二釋하니 一은 謂因光發影이나 影但似質이요 而不似光인달하야 依智現形도 形隨衆樂이요 不隨自智니 隨樂卽應이 名普示現이니라 二는 水中之月을 亦名光影이니 謂佛月不來나 影現心水니 影多似月이요 少似於水하니라 謂水動則流光蕩瀁하고 水濁則似晦魄이 臨池어니와 若止而且淸하면 則圓璧皎皎하나니 此는 亦隨自他意也니라 此는 就天王且隨天衆所樂이요 偈는 就於佛하야 無不應也니라

제 두 번째 문에 일체 모든 하늘 대중의 좋아하는 바를 따른다고

---

256 빛의 그림자라고 한 것은, 『잡화기』에 두 가지 해석을 하였으니 처음 해석은 곧 빛의 그림자이니 여기 해석한 것과 같고, 뒤에 해석은 곧 빛이 곧 그림자이다.

한 등은, 말하자면 능히 널리 시현하지 못하는 데서 해탈을 얻은 것이다.

빛의 그림자라고 한 말은 간략하게 두 가지 해석이 있나니,[257] 첫 번째는 말하자면 빛을 인하여 그림자가 생기지만 그림자는 다만 본질[258]과 같을 뿐이고, 빛과는 같지 아니함과 같아서 지혜를 의지하여 형상을 나타내는 것도 형상은 대중의 좋아함을 따라 나타낼 뿐이고 스스로의 지혜를 따르지는 아니하나니,

좋아함을 따라 곧 응하는 것이 이름이 널리 시현하는 것이다.

두 번째는 물 가운데 달을 또한 이름하여 빛의 그림자라 하나니, 말하자면 부처의 달이 온 적이 없지만 그림자는 마음의 물에 나타나나니,

그림자가 많은 것은 달과 같고 적은 것은 물과 같다.

말하자면 물이 움직이면 곧 흐르는 빛이 출렁거리는[259] 듯하고 물이 탁하면 곧 그믐달[260]이 연못에 다인 것과 같거니와, 만약 물이 그치고 또한 맑으면 곧 둥근 옥[261]과 같은 보름달이 밝게 비치는 것과 같나니,

---

257 간략하게 두 가지 해석이 있다고 한 것은, 첫 번째는 말하자면 빛을 인하여 그림자가 생긴다고 한 아래는 오직 다른 사람(중생)의 뜻만 따른 것이고, 두 번째는 물 가운데 달이라고 한 아래는 자기(부처님)와 다른 사람(중생)의 뜻을 함께 따른 것이다.

258 본질은 빛을 인하여 나타나는 나무·숲 등을 말한다.

259 漾은 출렁거릴 양이다.

260 회백晦魄은 회월晦月로 그믐달이다.

261 원문에 원벽圓璧은 망월望月로 보름달이니, 벽璧은 둥근 옥 벽이다. 원벽은 둥근 옥과 같이 아름다운 둥근 보름달을 말한다.

이것은 또한 자自·타他의²⁶² 뜻을 따른 것이다.
여기서는 천왕에 나아가 또한 하늘 대중들이 좋아하는 바를 따랐다 말하였고,
게송에서는 부처님에 나아가 응하지 아니함이 없음을 말하였다.

鈔

光影之言은 略有二釋者는 賢首가 更有一義로대 今不存之故로 云略 也라하니 彼釋云호대 謂如明淨物에 得日光曜하면 於屋壁上에 有光 影現인달하야 如來應機하야 現身亦爾라하니라 然有多義하니 一은 緣 集義니 謂大智明淨에 悲願日照하면 於衆生의 陰室之內에 現於佛影 이요 二는 速疾義니 無遠不至故요 三은 無礙義니 不可執持故요 四는 有用義니 能破暗故요 五는 無生義니 無所有故라하니 廣如十忍品說 하니라 此義는 似有穿鑿일새 故略不存하니라 今疏所明二影者는 然 이나 攝論에 影略有三하니 一은 映質影이요 二는 水月影이요 三은 鏡像影이라하니 廣如十忍品하니라 今是前二니 今言光影일새 故略 鏡像이니라 正是初義니 謂日喩如來하고 身樹等形質은 以喩衆生이 라 日無異體나 質有萬差니 樹側影邪하고 形端影正이라 影은 不現於 日內하고 但在質邊이니 弄影多端이 隨心萬品이라 二에 水月影은 以 月有光을 亦名光影이라 影多似月者는 如月圓缺故요 少似水者는

---

262 이것은 또한 자自·타他라 한 등은, 앞의 처음 해석에 다만 다른 이의 뜻만 다른 것을 상대하기에 그런 까닭으로 '또'라는 말을 이루는 것이다고 『잡화기』는 말한다.

隨動靜故니라

빛의 그림자라고 한 말은 간략하게 두 가지 해석이 있다고 한 것은, 현수법사가 다시 한 가지 뜻이 더 있으되 지금은 두지 않는 까닭으로 생략한다 하였으니,
저 현수법사가 해석하여 말하기를, 말하자면 밝고 맑은 사물에 태양의 빛이 비침을 얻으면 옥벽屋璧 위에 빛의 그림자가 나타남이 있는 것과 같아서, 여래가 근기에 응하여 몸을 나타내는 것도 역시 그러하다 하였다.
그러나 수많은 뜻이 있나니,
첫 번째는 인연으로 모인다[263]는 뜻이니
말하자면 큰 지혜의 밝고 맑음[264]에 큰 자비와 서원의 태양이 비치면 중생의 오음五陰의 집 안에 부처님의 그림자가 나타나는 것이요,
두 번째는 빠르다는 뜻이니
먼 곳까지도 이르지 아니함이 없는 까닭이요,
세 번째는 걸림이 없다는 뜻이니
가히 잡아 가질 수 없는 까닭이요,

---

263 인연으로 모인다고 한 것은, 지혜와 자비와 서원과 그리고 중생이 함께 하는 까닭으로 인연으로 모인다 말한 것이다.
264 큰 지혜의 밝고 맑음이라고 한 것은, 이 위에는 맑은 사물을 밝힌 것이니 곧 부처님의 맑은 지혜이다. 다만 맑은 지혜만 있으면 능히 몸을 나타낼 수 없거니와, 자비와 지혜의 태양이 비춘 연후에 중생의 집안에 부처님의 몸의 그림자가 나타나는 것이다.

네 번째는 작용이 있다는 뜻이니
능히 어둠을 깨뜨리는 까닭이요,
다섯 번째는 난 적이 없다는 뜻이니,
있는 바가 없는 까닭이다 하였으니,
폭넓게는 십인품[265]에 설한 것과 같다.
이 뜻은 천착이 있을 것 같기에 그런 까닭으로 소문에는 생략하고 두지 아니하였다.

지금 소문(疏)에서 밝힌 바 두 가지 그림자라고 한 것은, 그러나 『섭론』에 그림자가 간략하게 세 가지가 있나니,
첫 번째는 영질映質의 그림자요,
두 번째는 수월水月의 그림자요,
세 번째는 경상鏡像의 그림자다 하였으니,
폭넓게 말한 것은 십인품과 같다.
지금 소문에는 앞의 두 가지 뿐이니
그 이유는 지금 경문에서 빛의 그림자(光影)라 말하였기에 그런 까닭으로 세 번째 경상의 그림자를 생략한 것이다.

지금은 바로 처음에 뜻이니,[266]

---

265 십인품은 이자권李字卷 하권 14장에 있다.
266 원문에 정시초의正是初義라는 말을 상래에 금시초의今是初義라는 말을 참고하여 지금은 바로라고 번역하였다. 혹은 금초今初라고 하기도 하였다. 고래로 정시正是라는 말 위에 일一 자가 있어야 한다고 하였으나, 없다 해도 무방하다

말하자면 태양은 여래에 비유하고, 몸과 나무 등 형질形質은 중생에 비유하는 것이다.

태양은 다른 몸이 없지만 형질은 만 가지 차별이 있나니,

나무가 옆으로 기울면 그림자도 바르지 못하고,[267] 형질이 단정하면 그림자도 단정한 것이다.

그림자는 태양 안에는 나타나지 못하고 다만 형질 가에만 있을 뿐이니,

그림자를 희롱하는 수많은 단서가 마음을 따라 만 가지 품류가 있는 것이다.

두 번째 수월의 그림자는 달에 빛이 있는 것을 또한 이름하여 빛의 그림자라 하는 것이다.

그림자가 많은 것은 달과 같다고 한 것은 마치 달이 둥글고 모난 것과 같은 까닭이요,

적은 것은 물과 같다고 한 것은 물이 움직이고 고요히 있음을 따르는 까닭이다.

하겠다.

267 원문에 사邪 자는 바르지 못하다는 뜻이다. 혹 다른 본에는 사斜 자로 되어 있기도 하나 생각해 볼 것이다.

經

寂靜德天王은 得普嚴淨一切佛境界하는 大方便의 解脫門하며

적정덕 천왕은 널리 일체 부처님의 경계를 장엄하고 맑게 하는 큰 방편의 해탈문을 얻었으며

疏

第三門에 佛境界는 有二하니 一은 如如法性이니 是佛證境이요 二는 十方國土이니 是佛化境이라 嚴淨亦二니 離相息妄하면 則嚴如境이요 萬行迴向하면 則嚴化境이니 此二無礙가 大方便也라 此는 於無巧莊嚴에 得解脫也니라

제 세 번째 문에 부처님의 경계라고 한 것은 두 가지가 있나니,
첫 번째는 여여한 법의 자성이니
이것은 부처님이 증득한 경계요,
두 번째는 시방의 국토이니
이것은 부처님이 화현한 경계다.
장엄하고 맑게 한다는 것도 역시 두 가지 있나니,
모습(相)을 떠나 망상을 쉬면 곧 여여한 경계를 장엄하는 것이요,
만행으로 회향하면 곧 화현한 경계를 장엄하는 것이니
이 두 가지가 걸림이 없는 것이 큰 방편이다.
이것은 교묘한 장엄[268]이 없는 데서 해탈을 얻은 것이다.

268 교묘한 장엄이라 한 아래는, 선교무애대방편善巧無礙大方便을 얻었다는 것이다.

㉓

須彌音天王은 **得隨諸衆生**하야 **永流轉生死海**하는 **解脫門**하며

수미음 천왕은 모든 중생을 따라 영원히 생사의 바다에 유전하는 해탈문을 얻었으며

㉑

第四에 **隨諸等者**는 **謂大悲深厚故**로 **隨入生死**요 **衆生無邊故**로 **永流轉而示導也**니 **此**는 **於無大悲**하야 **捨衆生障**에 **得解脫也**니라

제 네 번째 문에 모든 중생을 따른다고 한 등은, 말하자면 대비가 깊고 두터운 까닭으로 중생을 따라 생사에 들어가는 것이요, 중생이 끝이 없는 까닭으로 영원히 생사에 유전하여 인도함을 보이는 것이니,
이것은 대비가 없어 중생을 버리는 장애에서 해탈을 얻은 것이다.

> 經

淨念眼天王은 得憶念如來가 調伏衆生行하는 解脫門하며

정염안 천왕은 여래가 중생을 조복하는 행을 기억하고 생각하는 해탈문을 얻었으며

> 疏

第五門에 佛調衆生은 或折或攝하며 或兼二行이라 雖悲願多門이나 皆令趣無上道니 若憶念此면 居然受化하야 不滯於權하리라 此는 於勝所緣의 有忘念障에 得解脫也니라

제 다섯 번째 문에 부처님이 중생을 조복한다고 한 것은 혹은 절복시키기도 하고 혹은 섭수하기도 하며
혹은 그 두 가지 행을 겸하여 하기도 하는 것이다.
비록 대비와 서원이 문門이 많지만 다 하여금 무상도無上道에 나아가게 하는 것이니,
만약 이것을 기억하고 생각하면 편안히 교화를 받아 방편에 막히지 아니할 것이다.[269]
이것은 수승하게 반연하는 바에 생각을 잊음이 있는 장애에서 해탈

---

[269] 방편에 막히지 아니할 것이라고 한 것은, 혹 절복시키고 혹 섭수하는 것이 이 부처님의 방편이지만 그러나 만약 의심의 구름이 고르지 않아서 저의 교화를 받지 않는다면 곧 방편에 막히는 것이다.

을 얻은 것이다.

或折或攝等者는 勝鬘云호대 應攝受者는 而攝受之하고 應折伏者는
而折伏之하나니 攝受折伏하면 則正法久住라하니라

혹은 절복시키기도 하고 섭수하기도 하였다고 한 등은, 『승만경』[270]
에 말하기를 응당 섭수할 사람은 섭수하고
응당 절복시킬 사람은 절복시키나니,
섭수하고 절복시키면 곧 정법이 오래 머물 것이다 하였다.

---

270 『승만경』은 일권으로 유송劉宋의 구나발다라 번역이다. 갖추어 말하면 『승만
사자후일승대방편방광경』이니, 『대보적경』 제119 승만부인회와 같은 본이
나 번역한 사람이 다르다. 승만부인은 바사익왕의 딸이다.

經

可愛樂普照天王은 得普門陀羅尼海에 所流出인 解脫門하며

가애락보조 천왕은 보문다라니의 바다에서 유출한 해탈문을 얻었으며

疏

第六에 得普門等者는 佛以稱法性之總持로 包攝一切總持일새 故云普門이요 復能流演無盡일새 故得稱海니 此는 於聞思에 有忘失障에 得解脫也니라

제 여섯 번째 문에 보문다라니라고 한 등은 부처님이 법성에 칭합한 총지總持로써 일체 총지를 포섭하기에 그런 까닭으로 말하기를 보문普門이라 한 것이요,
다시 능히 유출하여 연설함이 끝이 없기에 그런 까닭으로 바다(海)라 이름함을 얻나니
이것은 듣고 생각함에 망실함이 있는 장애에서 해탈을 얻은 것이다.

> 經

世間自在主天王은 得能令衆生으로 値佛生信藏케하는 解脫門하며

세간자재주 천왕은 능히 중생으로 하여금 부처님을 만나 믿음의 창고를 내게 하는 해탈문을 얻었으며

> 疏

第七門은 謂佛出難値어늘 引之令値케하고 信心難生거늘 勸之令生케하나니 信含衆德일새 所以名藏이라 下經云호대 信爲寶藏第一財故라하니 此는 於嫉妬邪見障에 得解脫也니라

제 일곱 번째 문은 말하자면 부처님이 출현함을 만나기 어렵거늘 그 중생을 인도하여 하여금 만나게 하고,
신심을 내기 어렵거늘 그 중생에게 권하여 하여금 내게 하나니, 믿음이 수많은 공덕을 포함하기에 그런 까닭으로 이름을 믿음의 창고라 하였다.
아래의 경에[271] 말하기를 믿음은 보배 창고에 제일가는 재물이 되는

---

[271] 아래의 경 운운은 현수품에 현수賢首보살의 게송이니, 갖추어 말하면 신무구탁심청정信無垢濁心淸淨이요 멸제교만공경본滅除憍慢恭敬本이며 역위법장제일재亦爲法藏第一財요 위청정수수중행爲淸淨手受衆行이라 하나니, 여기에 신信 자는 역亦 자이고 여기에 보寶 자는 법法 자이다. 그리고 고故 자는

까닭이다 하였으니

이것은 질투와 사견의 장애에서 해탈을 얻은 것이다.

없다. 번역하면 이렇다.

믿음은 더러움이 없어 마음이 청정하고 / 교만을 멸제하여 공경의 근본이 되며 / 또한 법의 창고에 제일가는 재물이 되고 / 청정한 손이 되어 수많은 행行을 받는다. 교림, 『화엄경』 1책, p.452, 2행에 있다.

經

光焰自在天王은 得能令一切衆生으로 聞法信喜而出離케하는 解脫門하며

광염자재 천왕은 능히 일체중생으로 하여금 법문을 듣고 믿고 기쁘게 하여 벗어나게 하는 해탈문을 얻었으며

疏

第八에 能令等者는 上은 令信佛이요 此는 令信法이니 仰依卽信하고 領解便喜리라 信可趣入이요 喜則奉行이니 因得解脫일새 名而出離니라 此는 於迷覆衆生으로 障出離道에 得解脫也니라

제 여덟 번째 문에 능히 일체중생으로 하여금이라고 한 등은 위에
제칠문은 하여금 부처님을 믿게 하는 것이요,
여기는 하여금 법을 믿게 하는 것이니,
우러러 의지하게 되면 곧 믿을 것이고,
깨달아 알게 되면 문득 기뻐할 것이다.
믿게 되면 가히 나아가 들어갈 것이고,
기뻐하게 되면 곧 받들어 행할 것이니
그로 인하여 해탈을 얻기에 이름을 벗어나게 한다고 하였다.
이것은 미혹에 덮인 중생으로 하여금 벗어나게 하는 도를 장애하는 데서 해탈을 얻은 것이다.[272]

272 미혹에 덮인 중생이라고 한 것은 경문에 일체중생으로 하여금이라 한 것이고, 벗어나게 하는 도를 장애하는 데서 해탈을 얻었다고 한 것은 경문에 벗어나게 하는 해탈문을 얻었다 한 것이다.

> 經

樂思惟法變化天王은 得入一切菩薩調伏行이 如虛空無邊無盡하는 解脫門하며

낙사유법변화 천왕은 일체 보살의 조복하는 행이 허공과 같아 끝도 없고 다함도 없는 데 들어가는 해탈문을 얻었으며

> 疏

九門은 謂衆生界法界와 調伏界虛空界가 皆無邊無盡거늘 菩薩悲智가 以方便界로 開示法界하며 行調伏界가 等虛空界하니 此는 於有限礙障中에 得解脫故니라

제 아홉 번째 문은 말하자면 중생계와 법계와 조복계調伏界와 허공계가 다 끝도 없고 다함도 없거늘, 보살의 자비와 지혜가 방편계로써 법계를 개시開示하며
조복계를 행하는 것이 허공계와 같나니,
이것은[273] 한계가 있고 걸림이 있는 장애 가운데서 해탈을 얻은 까닭[274]이다.

---

273 허공이라는 말 아래 차此 자가 있어야 한다.
274 지금까지 이 문장에 고故라는 글자를 사용한 것은 처음이다.

鈔

謂衆生界等者는 瑜伽에 有五無量界하니 此前列四하니라 後에 言以方便界者는 卽調伏方便界니 故五具矣니라

말하자면 중생계 등이라고 한 것은, 『유가론』에 다섯 가지 무량계無量界가 있나니
여기서는 앞에 네 가지만 열거하였다.
뒤에 방편계라고 말한 것은 곧 조복 방편계이니,
그런 까닭으로 다섯 가지 무량계가 갖추어진 것이다.

經

變化幢天王은 **得觀衆生**의 **無量煩惱**하는 **普悲智**의 **解脫門**하며

변화당 천왕은 중생의 한량없는 번뇌를 관찰하는 넓은 자비와 지혜의 해탈문을 얻었으며

疏

第十에 **觀衆生等者**는 **由悲故**로 **憐愍**하고 **由智故**로 **觀察**하나니 **觀察煩惱**하야 **知病行已**에 **化而度之**니라 **此**는 **於無悲無方便障**에 **得解脫也**니라

제 열 번째 문에 중생의 한량없는 번뇌를 관찰한다고 한 등은 자비를 인유한 까닭으로 연민히 여기고 지혜를 인유한 까닭으로 관찰하나니, 번뇌를 관찰하여 병행病行을 안[275] 이후에 교화하여 그 중생을 제도하는 것이다.
이것은 자비도 없고 방편도 없는 장애에서 해탈을 얻은 것이다.

---

275 병행病行을 안다고 한 것은, 중생의 번뇌를 관찰하고도 그 중생을 제도하지 않는다면 곧 병행이 되는 것이다. 그런 까닭으로 다른 곳에서는 이승이 무위無爲에 탐심이 깊은 까닭으로 병행이 된다 하였다. 또 이 문세文勢는 곧 번뇌로 병행을 삼는 것이라 하겠다. 이상은 『유망기』의 말이다. 그러나 『잡화기』는 병이 곧 이 행이니 행은 심행心行을 말하는 까닭이다 하였다.

> 經

星宿音妙莊嚴天王은 得放光現佛하야 三輪攝化하는 解脫門하니라

성수음묘장엄[276] 천왕은 광명을 놓아 부처님을 나타내어 삼륜[277]으로 섭수하여 교화하는 해탈문을 얻었습니다. (장경을 의지하여 보충하였다.)

---

276 성수음묘장엄은, 아래 영인본 화엄 2책, p.765, 1행에는 묘엄장엄이라 하였다.
277 삼륜은 삼업이다.

經

爾時에 淸淨慧名稱天王이 承佛威力하야 普觀一切少淨天과 無量淨天과 遍淨天衆하고 而說頌言호대

그때 청정혜명칭 천왕이 부처님의 위신력을 받아 널리 일체 소정천과 무량정천과 변정천의 대중을 관찰하고 게송을 설하여 말하기를

疏

頌中에 十一頌이니 初十은 次第如前長行하니라 依梵本列名中인댄 此長行에 闕第十一天하니 彼에 名星宿音妙莊嚴天王이라하니라 下言妙音者는 略而未迴니라

게송 가운데 열한 게송이 있나니
처음에 열 게송은 차례가 앞의 장행문과 같다.
범본에 이름을 열거한 가운데를 의지하여 보면 여기 장행문에 제 열한 번째 하늘이 빠졌으니,
저 범본에 성수음묘장엄 천왕이라 이름하였다.
아래의 게송[278]에 묘음妙音이라고 말한 것은 생략하고 아직 회문廻文하지 않았다.[279]

---

278 아래의 게송이란, 영인본 화엄 2책, p.764, 9행이다.
279 원문에 미회未廻는, 아직 범본의 글을 돌려보지 않았다. 돌려보았다면 星宿音妙莊嚴天王이라 하였을 것이다.

> 經

了知法性無礙者가　　普現十方無量刹하고
說佛境界不思議하야　令衆同歸解脫海니이다

법의 자성을 요달하여 알아 걸림이 없는 이가
널리 시방의 한량없는 국토를 나타내고
부처님의 경계가 사의할 수 없음을 설하여
중생으로 하여금 모두 다 해탈의 바다에 돌아가게 하였습니다.

> 疏

第一頌中에 初二句는 是了達方便이니 依法性而現故요 後二句에 說은 卽是道니 說不思議解脫하야 令衆同歸케하니라

첫 번째 게송 가운데 처음에 두 구절은 이것은 위에 방편을 요달한다고 한 것이니,
법의 자성을 의지하여 나타나는 까닭이요,
뒤에 두 구절에 설한다고 한 것은 곧 위에 이 도道[280]라고 한 것이니,
사의할 수 없는 해탈을 설하여 중생으로 하여금 모두 다 해탈의 바다에 돌아가게 하는 것이다.

---

280 이 도道라고 한 것은, 이 위에서는 해탈도라 하였다.

經

如來處世無所依가　　譬如光影現衆國이나
法性究竟無生起하나니　此勝見王所入門이니다

여래가 세간에 거처하시지만 의지하는 바가 없는 것이
비유하자면 빛의 그림자가 수많은 국토에 나타나지만
법의 자성은 구경에 생기하는 바가 없는 것과 같나니
이것은 최승견 천왕이 들어간 바 문입니다.

疏

二中에 初二句는 明光影普現이니 無依故如影이라 第三句는 成上
二義니 以無生故로 如影無依라 略不明隨天所樂이라

두 번째 게송 가운데 처음에 두 구절은 위에 빛의 그림자와 같이
널리 시현한다고 한 것을 밝힌 것이니,
의지함이 없는 까닭으로 그림자와 같은 것이다.
제 세 번째 구절은 위에 두 가지 뜻[281]을 성립한 것이니,
생기함이 없는 까닭으로 그림자와 같고 의지함이 없는 것이다.
위에 하늘 대중의 좋아하는 바를 따른다고 한 것은 생략하고 밝히지
않는다.

---

281 두 가지 뜻이라고 한 것은, 그림자와 같다는 것과 의지하는 바가 없다는
　　것이니, 곧 생기함이 없다는 말이 위에 두 가지 뜻을 성립하는 것이다.

經

無量劫海修方便하야　　普淨十方諸國土하고
法界如如常不動케하시니　寂靜德天之所悟이니다

한량없는 세월의 바다에 방편을 닦아
널리 시방의 모든 국토를²⁸² 청정케 하시고
법계가 여여하여²⁸³ 항상 동요하지 않게 하시니
적정덕 천왕이 깨달은 바입니다.

疏

三中에 初句는 標方便을 無量劫修며 兼顯大義라 次二句는 正明方便으로 嚴佛境界라

세 번째 게송 가운데 처음 구절은 방편을 한량없는 세월에 닦은 것을 표한 것이며,
겸하여 대의大義를 나타낸 것이다.
다음에 두 구절은 바로 방편으로 부처님의 경계를 장엄한 것을 밝힌 것이다.

---

282 시방의 모든 국토는, 교화할 경계이다.
283 법계가 여여하다고 한 것은, 증득한 경계 혹 증득할 경계이다. 사기에는 보정普淨이라는 글자를 부동不動이라는 글자 아래에 번역하라 하였으나 여의치 않다. 따라서 나는 국토國土라는 글자 아래에 번역하였다.

經

衆生愚癡所覆障하야　　盲暗恒居生死中거늘
如來示以淸淨道하시니　此須彌音之解脫이니다

중생이 어리석음으로 덮이어 가린 바가 되어
눈이 어두워 항상 생사 가운데 거처하거늘
여래가 청정한 도를 시현하시니
이것은 수미음 천왕의 해탈입니다.

疏

四中에 初二句는 卽衆生永流轉이니 謂無明所盲으로 覆本淨心하고 造業受身故로 恒居生死니라 次句는 卽隨而示之니라

네 번째 게송 가운데 처음에 두 구절은 곧 중생이 영원히 유전함을 밝힌 것이니,
말하자면 무명으로 눈먼 바가 되어 본래 청정한 마음을 덮어버리고 업을 지어 몸을 받는 까닭으로 항상 생사에 거처한다 한 것이다.
다음 구절은 중생을 따라 그 청정한 도를 시현한 것이다.

> 經

諸佛所行無上道를   一切衆生莫能測거늘
示以種種方便門하시니   淨眼諦觀能悉了니이다

모든 부처님이 행하신 바 더 이상 없는 도를
일체중생이 능히 측량할 수 없거늘
가지가지 방편의 문으로 시현하시니
정염안 천왕이 자세히 관찰하여 능히 다 알았습니다.

> 疏

五中에 總相으로 頌佛調生行이니 初句高요 次句深이요 後句廣이라

다섯 번째 게송 가운데는 총상總相으로 부처님이 중생을 조복하는 행을 게송한 것이니
처음 구절은 높다[284]는 것이요,
다음 구절은 깊다[285]는 것이요,
뒤에 구절은 넓다[286]는 것이다.

---

284 높다고 한 것은, 더 이상 없는 까닭으로 높은 것이다.
285 깊다고 한 것은, 측량할 수 없는 까닭으로 깊은 것이다.
286 넓다고 한 것은, 방편인 까닭으로 넓은 것이다.

經

如來恒以總持門이　　譬如剎海微塵數하야
示敎衆生遍一切하시니　普照天王此能入이니다

여래가 항상 총지문을 사용하시는 것이
비유하자면 국토 바다의 작은 티끌 수와 같아서
중생에게 시현하여 가르치되 일체에 두루하게 하시니
가애락보조 천왕이 여기에 능히 들어갔습니다.

疏

六中에 初二句는 卽普門陀羅尼요 次一句는 卽所流出이라 示敎者는 示其善惡하야 敎使修行이요 稱性無偏故로 遍而無盡이라

여섯 번째 게송 가운데 처음에 두 구절은 곧 위에 보문다라니라고 한 것이요,
다음에 한 구절은 곧 위에 유출한 바라고 한 것이다.
시현하여 가르친다고 한 것은 그 중생에게 선과 악을 시현하여 가르쳐서 하여금 수행케 한다는 것이고,
법성에 칭합하여 치우침이 없는 까닭으로 일체에 두루하여 다함이 없이[287] 한다는 것이다.

---

[287] 다함이 없다고 한 것은, 곧 이 게송에 여래가 항상(恒)이라 한 그 항恒 자에 해당한다 하겠다.

經

如來出世甚難値하야　　無量劫海時一遇라
能令衆生生信解하나니　此自在天之所得이니다

여래가 세간에 출현하시는 것은 매우 만나기 어려워
한량없는 세월의 바다 시절에 겨우 한 번이나 만날까
능히 중생으로 하여금 믿음과 지해를 내게 하시니
이것은 세간자재주 천왕이 얻은 바입니다.

疏

七中에 初二句는 値佛이요 次句는 生信藏이니 不信則佛難値요
正信은 唯佛能生이라 旣値佛生信을 反覆相成거니 今之一遇인달
何得不信이리요

일곱 번째 게송 가운데 처음에 두 구절은 위에 부처님을 만난다고
한 것이요,
다음 구절은 위에 믿음의 창고를 내게 한다고 한 것이니
믿지 아니하면 곧 부처님을 만나기 어렵고,
바른 믿음은 오직 부처님이라야 능히 내게 하는 것이다.
이미 부처님을 만나 믿음을 내는 것을 반복하여 상성相成하였거니,
지금에 한 번 만난다 한들 어찌 믿지 아니함을 얻겠는가.

經

佛說法性皆無性하야　　甚深廣大不思議라하야
普使衆生生淨信케하시니　光焰天王能善了니이다

부처님은 법의 자성이 다 자성이 없어서
깊고도 깊고 넓고도 커서 사의할 수 없다고 설하여
널리 중생으로 하여금 청정한 믿음을 내게 하시니
광염자재 천왕이 능히 잘 알았습니다.

疏

八中에 初二句는 卽所聞之法이니 以無性으로 爲法之眞性이라 次句는 卽令衆生으로 信喜出離니 淨則出不信濁하야 成無漏故니라

여덟 번째 게송 가운데 처음에 두 구절은 곧 위에 들은 바 법문이라고 한 것이니,
자성이 없는 것으로써 법의 참다운 자성을 삼는 것이다.
다음 구절은 곧 위에 중생으로 하여금 믿고 기쁘게 하여 벗어나게 한다고 한 것이니,
청정한 믿음을 내게 되면 곧 믿지 않는 탁한 마음에서 벗어나 무루과를 성취하게 되는 까닭이다.

經

三世如來功德滿하야　　化衆生界不思議거늘
於彼思惟生慶悅케하시니　如是樂法能開演이니다

삼세 여래의 공덕이 원만하여
중생의 세계를 교화하는 것이 사의할 수 없거늘
저것을 사유케 하여 경사와 기쁨을 내게 하시니
이와 같은 것은 낙사유법변화 천왕이 능히 열어 연설하였습니다.

疏

九中에 初句는 能調伏人이니 前因此果耳라 化衆生界는 卽調伏行이요 無邊無盡은 爲不思議요 思惟悅生은 是名爲入이라

아홉 번째 게송 가운데 처음 구절은 능히 조복하는 사람이니
앞에 장행은 원인(因)이요,[288]
여기는 과보(果)이다.[289]
중생의 세계를 교화한다고 한 것은 곧 위에 조복하는 행이라고 한 것이요,
위에 끝도 없고 다함도 없다고 한 것은 여기에 사의할 수 없다고

---

[288] 앞에 장행은 원인(因)이라고 한 것은, 앞에 장행문에서는 보살의 조복행이라 하였으니 원인이다.
[289] 여기는 과보(果)라고 한 것은, 여기 게송에서는 여래라 하니 과보이다.

한 것이요,

사유케 하여 기쁨을 내게 한다고 한 것은 이것은 이름이 위에 들어간다(入)고 한 것이다.

經

衆生沒在煩惱海하야　　愚癡見濁甚可怖일새
大師哀愍令永離케하시니　　此化幢王所觀境이니다

중생이 번뇌의 바다에 빠져 있어
어리석고 소견이 탁하여 심히 가히 두려워하기에
대사께서 어여삐 여겨 하여금 영원히 떠나게 하시니
이것은 변화당 천왕이 관찰한 바 경계입니다.

疏

十中에 初二句는 卽衆生의 無量煩惱니 謂利鈍二使와 愛見羅刹
이 皆甚可怖也라 次一句는 以悲愍之하고 以智令離케하니라

열 번째 게송 가운데 처음에 두 구절은 곧 위에 중생의 한량없는
번뇌라고 한 것이니,
말하자면 오리五利와 오둔五鈍의 이사二使와 애愛와 견見의 나찰羅刹
이 다 심히 가히 두려운 것이다.
다음에 한 구절은 위에 자비로써 어여삐 여기고 위에 지혜로써
하여금 떠나게 한다고 한 것이다.

愛見羅刹이 甚可怖畏者는 卽涅槃第十一이니 已如前引하니라

애와 견의 나찰이 심히 가히 두려운 것이라고 한 것은 곧 『열반경』 제십일권이니,
이미 앞에서 인용한 것과 같다.[290]

---

290 앞에서 인용한 것과 같다고 한 것은 영인본 화엄 2책, p.658, 3행 초문이다. 다시 인용하여 말하면, 또한 애견나찰이라고 한 등은 『열반경』 제십일권 부낭의 비유(浮囊喩) 가운데 나찰이 부낭을 구걸하는 것을 애견나찰에 법합한 것이니 운운하여 금계禁戒를 파한 것은 애나찰이라 이름하고, 금계를 파하고도 죄가 없다 하는 것은 견나찰이라 이름한다 하였다. 이상은 뜻으로 인용하였다. 단 여기서 두려운 것이라고 한 것은 앞에서는 애견나찰로 하여금 법신혜명法身慧命을 해치지 못하게 한다 하였다. 누가 해치지 못하게 하는가. 보살이 야차왕이 되어 수호하고 해치지 못하게 한다 하였다.

> 經

如來恒放大光明하야　　一一光中無量佛이
各各現化衆生事하시니　　此妙音天所入門이니다

여래가 항상 큰 광명을 놓아
낱낱 광명 가운데 한량없는 부처님이
각각 중생을 교화하는 일을 나타내시니
이것은 성수묘음장엄 천왕이 들어간 바 문입니다.

> 疏

十一中에 旣闕長行의 對名略顯이라 初二句는 星宿莊嚴義也니 謂佛光이 流於法界에 燦若星羅니라 次句는 卽妙音莊嚴이니 化衆生事가 不出三輪이라 上云妙音은 擧一立稱耳니라 若長行立名인댄 應云得放光現佛하야 三輪攝化하는 解脫門이라하니라

열한 번째 게송 가운데 이미 장행문에서[291] 천왕의 이름을 상대하여 간략하게 현시하는 것을 빠뜨렸다.
처음에 두 구절은 위에 성수장엄이라고 한 뜻이니,
말하자면 부처님의 광명이 법계에 유출함에 그 찬연함이 마치 별이 나열되어 있는 것과 같은 것이다.

---

291 장행문 운운은, 이 묘음 천왕만 유일하게 장행에 해석이 없다.

다음 구절은 곧 위에 묘음장엄이라고[292] 한 것이니,
중생을 교화하는 일이 삼륜三輪을 벗어나지 않는 것이다.
위에서 말하기를 묘음이라고 한 것은[293] 삼륜 가운데 하나[294]만을 들어서 이름을 세운 것일 뿐이다.
만약 장행長行에 이름을 세운다면[295] 응당 말하기를 광명을 놓아 부처님을 나타내어 삼륜으로 섭수하여 교화하는 해탈문을 얻었다고 해야 할 것이다.

---

292 묘음장엄이라고 한 것은, 위의 장행문에는 음묘장엄音妙莊嚴이라 하였다.
293 위에서 말하기를 묘음이라고 한 것은, 곧 위의 장행 가운데 범본에 의지하여 보증한 게송(영인본 화엄 2책, p.759, 7행)에 묘음을 가리킨 것이며, 혹은 가히 여기 게송 끝 구절에 묘음천을 가리킨 것이라 하며, 소가가 경에 있다고 가리킨 까닭으로 上이라 말한 것이다. 이상은 『잡화기』의 말이다.
294 삼륜 가운데 하나라고 한 것은, 묘음은 신身·구口·의意 가운데 구口이다. 신은 신통이고, 구는 교계이고, 의는 기심이다. 다른 각도에서 바라본다면 중생을 교화하는 일이 삼륜을 벗어나지 않지만, 그러나 지금에 끝 구절에 말하기를 묘음이라 한 것은 다만 삼륜 가운데 하나만 거론한 것뿐이니 구륜口輪이다. 구륜은 곧 묘음이다 할 것이다.
295 만약 장행長行에 이름을 세운다면이라고 한 것은, 현재 장행문에서 서술한 것처럼이라는 뜻이다.

經

復次 可愛樂光明天王은 得恒受寂靜樂이나 而能降現하야 消滅世間苦하는 解脫門하며

다시 가애락광명 천왕[296]은 항상 적정의 즐거움을 받지만, 능히 탄생하여 모습을 나타내어[297] 생사의 고통을 소멸하는 해탈문을 얻었으며

疏

第四는 二禪이라 長行十法에 初中에 二義니 一은 內證眞樂이라 經論共說호대 樂有五種하니 謂一은 因이요 二는 果요 三은 苦對除요 四는 斷受요 五는 無惱害라 無惱害樂에 更有四種하니 謂出家遠離樂과 禪定適悅樂과 菩提覺法樂과 涅槃寂靜樂이니 今當第四니라 若通取인댄 受字가 兼禪定과 菩提이니 則含因果니라 言恒受者는 以無所受로 受諸受故니 若待境界인댄 卽非恒也니라 二에 而能降下는 外建大義니 降神現相하야 除苦因果라 此는 於涅槃體用障에 得解脫也니라

---

296 가애락광명 천왕 이하는 제 일곱 번째 원행지에 속한다.
297 원문에 강현降現은 강신현상降神現相의 줄임말이니, 강신降神은 강생降生이니 도솔천에서 정신인 영혼만 내려오기에 하는 말이다. 현상現相은 팔상성도를 나타낸다는 의미가 들어 있다.

제 네 번째는²⁹⁸ 제이선이다.
장행문 십법에 처음 가운데 두 가지 뜻이 있나니
첫 번째는 안으로 참다운 즐거움을 증득한 것이다.
경론에 함께 말하기를 즐거움에 다섯 가지가 있나니,
말하자면 첫 번째는 원인(因)이요,
두 번째는 과보(果)요,
세 번째는 고통을 상대하여 제거하는 것이요,
네 번째는 수受를 끊는 것이요,
다섯 번째는 뇌롭거나 해로움이 없는 것이다.

뇌롭거나 해로움이 없는 즐거움에 다시 네 가지가 있나니,
말하자면 출가하여 멀리 떠나는 즐거움과 선정으로 기뻐하는 즐거움과 깨달은 진리의 즐거움과 열반의 고요한 즐거움이니,
지금에는 제 네 번째에 해당한다.
만약 네 가지를 통틀어 취한다면 수受 자가 선정의 즐거움과 깨달음의 즐거움을 겸하였나니,
곧 원인과 과보를 포함하였다.²⁹⁹

항상 적정의 즐거움을 받는다고 말한 것은 받은 바가 없는 것으로써

---

298 제사선은 영인본 화엄 2책, p.742이고, 제삼선은 영인본 화엄 2책, p.753이고, 초선은 영인본 화엄 2책, p.779이다. 여기는 제이선이다.
299 원인과 과보를 포함하였다고 한 것은, 선정은 원인이고 보리는 과보이다. 『잡화기』도 이와 같이 말하였다.

제수諸受를 받는 까닭이니,

만약 경계를 기다려 바라본다면 곧 항상하지 않은 것이다.

두 번째 능히 내려와 모습을 나타낸다고 한 아래는 밖으로 대의大義를 건립한 것이니,

탄생하여 모습을 나타내어 고통의 원인과 과보를 제거하는 것이다.

이것은 열반의 자체와 작용의 장애에서 해탈을 얻은 것이다.

鈔

經論共說호대 樂有五種等者는 論은 卽瑜伽等이요 經은 卽善戒經이니 第二에 自利利他品이라 經云호대 云何名快樂고 快樂義者는 有五種하니 一者는 因樂이요 二者는 受樂이요 三者는 斷受樂이요 四者는 遠離樂이요 五者는 菩提樂이라 云何因樂고 因內外觸이라 因觸因緣故로 有受樂이니 是名因樂이요 因行善法하야 得他世樂이니 是名因樂이라 云何受樂고 從因因緣하야 身得增長하고 心得安隱이니 是名受樂이라 受樂者에 有二種하니 何等爲二고 一者는 有漏요 二者는 無漏라 無漏에 有二하니 一者는 學地요 二者는 無學이라 有漏에 有三하니 欲界色界無色界의 三有라 有內外入일새 故有六觸이라 六觸有二하니 一者는 身樂이요 二者는 心樂이라 五識共行을 名爲身樂이요 意識共行을 名爲心樂이라 修習聖道하야 斷諸受故로 道得增長하야 無有諸受를 名斷受樂이요 永斷煩惱하야 身心無患을 名遠離樂이요 受常樂故로 名菩提樂이라 或有說言호대 無想定者는 名爲斷樂이니 是義不然하니라 何以故요 不斷受樂故니라 遠離樂者는 有四種하니

一者는 出家樂이요 二者는 寂靜樂이요 三者는 斷樂이요 四者는 菩提樂이라 世間之人이 多有憂苦나 永斷是苦를 名出家樂이요 斷欲界貪을 名寂靜樂이요 永斷煩惱를 名爲斷樂이요 受常樂故로 名菩提樂이며 菩薩이 常能施衆生樂을 名菩提樂이며 菩薩摩訶薩이 自受常樂하고 轉施衆生을 名菩提樂이라 何故로 名爲因樂고 是樂因故로 名爲因樂이요 不名受樂이라 受樂者는 不名因樂이요 名爲性樂이라 斷樂者는 不名因樂이요 不名受樂이니 以斷多樂故로 名爲斷樂이라 遠離樂者는 不名因樂이요 不名受樂이요 不名斷樂이니 以觀生死의 衆過患故로 名智慧樂이라 菩提樂者는 不名因樂이요 不名受樂이요 不名斷樂이요 不名遠離樂이니 無邊常故로 名菩提樂이요 名無勝樂이요 名無邊樂이요 名無上樂이요 亦名常樂이요 名寂靜樂이니 菩薩摩訶薩이 能以如是五種之樂으로 施於衆生을 是名因樂義라하니라

경론에 함께 말하기를 즐거움에 다섯 가지가 있다고 한 등은, 논은 곧 『유가론』 등이요,

경은 곧 『선계경善戒經』이니 제 두 번째 자리이타품이다.

경에 말하기를 어떤 것을 이름하여 쾌락이라 하는가.

쾌락[300]의 뜻은 다섯 가지가 있나니

첫 번째는 인因의 쾌락이요,

두 번째는 수受[301]의 쾌락이요,

---

300 쾌락이라고 한 것은, 저 『선계경』에 보살의 학처學處가 일곱 가지가 있다고 밝힌 가운데 제 두 번째 내인內因의 뜻에 열 가지가 있나니, 이 쾌락이 곧 그 열 가지 가운데 제 다섯 번째이다.

세 번째는 수受를 끊는 쾌락이요,
네 번째는 멀리 떠나는 쾌락이요,
다섯 번째는 깨달음의 쾌락이다.

어떤 것이 인의 쾌락인가.
안과 밖의 촉감[302]을 원인하는 것이다.
촉감의 인연을 원인한[303] 까닭으로 수受의 쾌락이 있나니 이 이름이 인의쾌락이요,
선한 법을 행함을 원인하여[304] 다른 세상에 즐거움을 얻나니 이 이름이 인의 쾌락[305]이다.

---

301 수受는 제수諸受이다.
302 안과 밖의 촉감이라고 한 것은, 안의 촉감은 의촉意觸이고 밖의 촉감은 안 등 오촉五觸이니 곧 육근의 촉감이다. 아래(영인본 화엄 2책, p.769, 1행) 내외입內外入이라 말한 것도 뜻이 또한 이와 같다. 『잡화기』의 말이다. 그러나 『유망기』는 안에 육근과 밖에 육진이 서로 접촉하는 까닭으로 수의 쾌락은 곧 안과 밖의 촉감이 쾌락의 원인이 되는 것이니, 이것은 현재 수락受樂의 원인을 밝힌 것이다 하였다.
303 촉감의 인연을 원인한다고 한 것은, 위에 인因 자도 곧 이 연緣의 뜻이니 곧 촉감의 인연으로 인연하여 수受 등을 생기하나니, 그런 까닭으로 『기진경起盡經』에 말하기를 수受·상想 등이 다 이 촉감으로 인연이 된다 하였다고 『잡화기』는 말한다. 『기진경』은 구전에 『겁기진경劫起盡經』이라 하나 현재 전하지는 않는다.
304 선한 법을 행함을 원인한다고 한 것은, 다른 세상에 즐거움이 되는 원인이다. 인의 쾌락은 두 가지 뜻에 통하나니 곧 현재와 다른 세상이다. 이상은 『유망기』의 말이다.

어떤 것이 수受의 쾌락인가.

어떤 원인의 인연을 좇아[306] 몸이 증장함을 얻고 마음이 안은함을 얻나니, 이 이름이 수受의 쾌락이다.

수의 쾌락에 두 가지가 있나니[307]

어떤 등이 두 가지가 되는가.

첫 번째는 유루有漏요,

두 번째는 무루無漏이다.

무루에 두 가지가 있나니

첫 번째는 유학有學의 지위요,

두 번째는 무학無學의 지위이다.

유루에 세 가지가 있나니

욕계·색계·무색계의 삼유三有이다.

내입內入과 외입外入이 있기에

---

305 이 이름이 인의 쾌락이라 한 것은, 강사가 말하기를 원인은 실로 쾌락하지 않지만 과보를 바라보고 원인이 쾌락하다 이름함을 얻은 것이니, 그런 까닭으로 아래(2책, p.767, 2행) 말하기를, 이 쾌락의 원인인 까닭으로 인의 쾌락이라 이름한다 하였다. 『잡화기』의 말이다.

306 어떤 원인의 인연을 좇는다고 한 것은, 위에 인因 자는 촉觸이니 촉의 인연이라는 말과 같다. 몸이 증장함을 얻는다고 한 것은 현재 받는 쾌락(受樂)이다. 이상은 『유망기』의 말이다. 그러나 『잡화기』는 위에 인因 자는 곧 인의 쾌락을 모두 가리키고, 아래 인연因緣은 곧 그 앞의 촉의 인연이라는 뜻과 같다 하니, 위에 인因 자의 뜻이 『유망기』와 다르다 하겠다.

307 수의 쾌락에 두 가지가 있다고 한 것은, 다른 세상에서 받는 쾌락을 밝힌 것이다. 역시 『유망기』의 말이다.

그런 까닭으로 육촉이 있다.[308]

육촉六觸에 두 가지가 있나니

첫 번째는 몸의 쾌락이요,

두 번째는 마음의 쾌락이다.

오식五識이 함께 행하는 것을 이름하여 몸의 쾌락이라 하고,

의식意識이 함께 행하는 것을 이름하여 마음의 쾌락이라 한다.

성인의 도를 닦아 익혀 제수諸受를 끊는 까닭으로 도道가 증장함을 얻어 제수가 없는 것을 이름하여 수受를 끊은 쾌락이라 하고,

영원히 번뇌를 끊어 몸과 마음에 우환이 없는 것을 이름하여 멀리 떠나는 쾌락이라 하고,

항상 즐거움을 받는 까닭으로 이름을 깨달음의 쾌락이라 한다.

혹 어떤 사람이[309] 말하기를 무상정無想定은 이름을 단멸斷의 쾌락이라 한다 하니, 이 뜻은 그렇지가 않다.

무슨 까닭인가.

수락受樂을 끊지 못한 까닭이다.[310]

---

308 내입內入과 외입外入이 있기에 그런 까닭으로 육촉이 있다고 한 것은, 십이인연 가운데 육입이 촉을 반연(인연)한다 한 뜻이다. 내입은 육근이고, 외입은 육진이다. 육촉은 육진의 촉감(觸)을 말하는 것이다.

309 혹 어떤 사람이라고 한 아래는, 어떤 사람의 잘못 해석한 것을 척파하는 것인 줄 알 수 있을 것이다. 이 문장은 흡사『선계경』의 말이 아닌 듯하나 『선계경』문장을 참고해 보니 역시 경문이 맞다. 응당 경문 가운데 이 말은 이 보살의 말이고 부처님의 말이 아니다. 이상은『유망기』의 말이다. 『잡화기』는 다만 본문을 기준한즉 역시 다 경문이라고만 하였다.

310 수락受樂을 끊지 못한 까닭이라고 한 것은, 무상정은 아직 수락을 끊지

멀리 떠나는 쾌락이라고 한 것은 네 가지가 있나니
첫 번째는 출가의 쾌락이요,
두 번째는 적정의 쾌락이요,
세 번째는 단멸(斷)의 쾌락이요,
네 번째는 깨달음(菩提)의 쾌락이다.[311]
세간의 사람들이 다분히 우환의 고통이 있지만 영원히 이 고통을 끊는 것을 이름하여 출가의 쾌락이라 하고,
욕계의 탐욕을 끊는 것을 이름하여 적정의 쾌락이라 하고,
영원히 번뇌를 끊는 것을 이름하여 단멸(斷)의 쾌락이라 하고,
항상 스스로[312] 즐거움을 받는 까닭으로 이름하여 깨달음의 쾌락이라 하며,
보살이 항상 능히 중생에게 즐거움을 베풀어 주는 것을 이름하여 깨달음의 쾌락이라 하며,
보살마하살이 스스로 항상 즐거움을 받고 전전히 중생에게 베풀어

  못하였다. 멸진정에서 비로소 수락을 끊는다. 그러나 『잡화기』에는 본 『선계경』에는 수락이라 한 락樂 자가 없다 하였다.
311 네 번째는 깨달음(菩提)의 쾌락이라 운운한 것은, 이것은 곧 쾌락의 다섯 가지(2책, p.766, 5행) 가운데 제 다섯 번째 깨달음의 쾌락(2책, p.766, 6행)은 다만 제 네 번째 멀리 떠나는 쾌락(역시 2책, p.766, 6행)에서 열어서 설출한 것으로서 다른 말이 아니다고 『잡화기』는 말하고 있다.
312 항상 스스로 운운은 스스로 즐거움을 받는다고 한 것은 자리自利이고, 바로 아래 항상 능히 중생에게 즐거움을 베풀어 준다고 한 것은 이타利他이고, 그 아래 스스로 항상 즐거움을 받고 전전히 중생에게 베풀어 준다고 한 것은 자리이타自利利他이다.

주는 것을 이름하여 깨달음의 쾌락이라 한다.

무슨 까닭으로³¹³ 이름하여 인因의 쾌락이라 하는가.
이 쾌락의 원인인 까닭으로 이름하여 인因의 쾌락이라 하고, 수受의 쾌락이라 이름하지 않는다.
수受의 쾌락이라고 한 것은 인의 쾌락이라 이름하지 않고, 성性의 쾌락이라 이름한다.
단멸(斷)의 쾌락이라고 한 것은 인의 쾌락이라고도 이름하지 않고, 수受의 쾌락이라고도 이름하지 않나니,
수많은 쾌락을 끊은 까닭으로 단멸(斷)의 쾌락이라 이름한다.
멀리 떠나는 쾌락이라고 한 것은 인의 쾌락이라고도 이름하지 않고, 수의 쾌락이라고도 이름하지 않고, 단멸의 쾌락이라고도 이름하지 않나니,
생사의 수많은 과환過患을 관찰하는 까닭으로 지혜의 쾌락이라 이름한다.
깨달음의 쾌락이라고 한 것은 인의 쾌락이라고도 이름하지 않고, 수의 쾌락이라고도 이름하지 않고, 단멸의 쾌락이라고도 이름하지 않고, 멀리 떠나는 쾌락이라고도 이름하지 않나니,³¹⁴

---

313 무슨 까닭으로라고 한 등은, 서로 상응하지 않는 뜻을 밝힌 것이다고『잡화기』는 말한다.
314 멀리 떠나는 쾌락이라고도 이름하지 않는다고 한 것은,『잡화기』에 말하기를 대개 그 깨달음의 즐거움이 비록 떠나는 쾌락 가운데서 열어 설출한 것이지만 총·별의 다름이 있는 까닭으로 가히 멀리 떠나는 쾌락이라 이름하지 않는

끝없이 영원한 까닭으로 깨달음의 쾌락이라 이름하고, 더 수승할 수 없는 쾌락이라 이름하고, 끝없는 쾌락이라 이름하고, 더 이상 없는 쾌락이라 이름하고, 또한 영원한 쾌락이라 이름하고, 적정한 쾌락이라 이름한다.

보살마하살이[315] 능히 이와 같은 다섯 가지 쾌락으로써 중생에게 베풀어 주는 것을 이 인의 쾌락[316]이라 이름한 뜻이다 하였다.

今疏望彼經하면 數名不同하나니 若欲會者인댄 果及苦對除는 卽是 受樂에 開出이요 無惱害者는 卽遠離樂과 及菩提樂이라 經中遠離가 有四어니와 今云호대 出家遠離樂은 含其二種하니 出家는 卽第一이 요 遠離는 兼得第三斷樂이라 復開菩提하야 爲菩提涅槃二樂이라 若 瑜伽九十六說인댄 樂有二種하니 一者는 欲樂이요 二者는 遠離라 遠 離에 復有三種하니 一은 劣이니 謂無所有已下요 二는 中이니 謂第一 有요 三은 勝이니 謂滅受定이라 然이나 世尊이 依第一義하야 說有三 種의 最寂靜樂하니 謂貪等解脫故라 總攝爲三하리니 一은 應遠離요 二는 應修習이니 卽前三上中下遠離者는 有上遠離요 三은 最極究竟 解脫의 無上住樂이니 卽前貪等解脫이라

것이다 하였다.
315 보살마하살이라고 한 아래는, 이 문장은 편리함을 인하여 이끌어 온 것이니, 이것이 저 『선계경』 제 여섯 번째 因의 뜻을 표한 초두인 까닭이라고 『잡화기』는 말한다.
316 원문에 인낙因樂의 낙樂 자는 『선계경』에는 없다.

지금에 소문疏文이 저 『선계경』을 상대하여 바라보면 그 수數와 이름이 같지 않나니,

만약 회통하고자 한다면 지금 소문에 과의 쾌락과 고통을 상대하여 제거한 쾌락은 곧 이 『선계경』의 수受의 쾌락에서 개출開出한 것이요,

뇌롭거나 해로움이 없는 쾌락은 곧 『선계경』의 멀리 떠나는 쾌락과 그리고 깨달음의 쾌락이다.

『선계경』 가운데는 멀리 떠나는 쾌락이 네 가지가 있다고 하였거니와, 지금 소문에 말하기를 출가하여 멀리 떠나는 즐거움이라고 한 것은 그 『선계경』에 두 가지 뜻을 포함하였나니,

출가라고 한 것은 곧 저 경의 제일에 인의 쾌락이요,

멀리 떠난다고 한 것은 제삼에 단멸의 쾌락도 겸하여 얻은 것이다. 다시 네 번째 깨달음의 쾌락을 개출하여[317] 깨달음과 열반의 두 가지 쾌락을 삼았다.

만약 『유가론』 구십육권에 말한 것이라면 쾌락에 두 가지가 있나니 첫 번째는 욕망의 쾌락이요,[318]

두 번째는 멀리 떠나는 쾌락이다.

---

317 다시 네 번째 깨달음의 쾌락을 개출한다고 한 등은, 만약 그 고요한 쾌락이라고 한다면 곧 선정에 해당하는 까닭으로 이 열반(寂靜)이 아니다. 이상은 『잡화기』의 말이다.

318 첫 번째는 욕망의 쾌락이라고 한 것은, 『유가론』 구십육권에 말하기를 모든 욕망의 쾌락이라 하니 곧 욕계의 쾌락이라고 『잡화기』는 말한다.

멀리 떠나는 쾌락에 다시 세 가지가 있나니
첫 번째는 하열한 쾌락이니
말하자면 무소유처[319] 이하의 정定이요,
두 번째는 보통(中)의 쾌락이니
말하자면 제일 꼭대기에 있는 정定[320]이요,
세 번째는 가장 수승한 쾌락이니
말하자면 멸수상정滅受想定이다.
그러나 세존이 제일의제第一義諦를 의지하여 세 가지 최고 적정의 쾌락[321]이 있다고 설하시니
말하자면 탐貪 등에서[322] 해탈한 까닭이다.

---

319 첫 번째 무소유처라 한 이하는, 곧 무소유처 이하의 七定이고, 두 번째 제일 꼭대기에 있는 정定이라고 한 것은, 곧 비상비방상처정이니, 이것은 삼유의 가장 꼭대기에 있는 까닭으로 제일이라 말하는 것이다. 세 번째 멸수상정이라고 한 것은, 곧 제 아홉 번째 정定이니 삼계를 벗어난 것이다. 그러나 세존의 제일의제라고 한 것은, 곧 위에 두 가지 제일의제를 벗어난 것이다. 역시 『잡화기』의 말이다. 다시 말하면 무소유처 이하는 무색계 제삼천인 무소유처 이하 七天定이다. 이 아래는 구차제정九次第定을 말하고 있나니 사색四色과 사공四空과 멸수상정이다.

320 제일 꼭대기에 있는 정定이란, 삼유의 제일 꼭대기이니, 제 네 번째 비상비비상천정이다.

321 세 가지 최고 적정의 쾌락이란, 이탐離貪과 이진離瞋과 이치離癡이다.

322 말하자면 탐貪 등이라 한 등은, 저 『유가론』 구십육권에 말하기를 세 가지 최고 적정의 쾌락이 있나니, 말하자면 모든 비구가 저 탐욕에 오염됨을 떠나 해탈한 것이니, 그 탐욕과 같아서 저 진심과 어리석음에도 마땅히 그러한 줄 안다 하였으니, 지금 등이라고 한 것은 진심과 어리석음을 등취한

모두 섭수하여 세 가지로 하리니

첫 번째는 응당 멀리 떠나는 쾌락이요,[323]

두 번째는 응당 닦아 익히는 쾌락이니,[324]

곧 앞의 세 가지 상上·중中·하下로[325] 멀리 떠난다고 한 것은 위로 올라갈 곳이 있어 멀리 떠나는[326] 쾌락이요,

세 번째는[327] 최상의 종극 구경해탈로서 더 이상 올라갈 곳이 없는[328] 데 머무는 쾌락이니,

곧 앞의 탐貪 등에서 해탈한 까닭이다.

것이다. 역시 『잡화기』의 말이다.

323 첫 번째는 응당 멀리 떠나는 쾌락이라고 한 것은, 저 『유가론』 구십육권에 말하기를 모든 욕망(탐욕)의 쾌락이라 하니 곧 위에 욕계의 쾌락이다. 역시 『잡화기』의 말이다.

324 두 번째는 응당 닦아 익히는 쾌락이라고 한 것은, 『유가론』 구십육권에 말하기를 처음 정려靜慮로 내지 유정천에 있는 바 모든 쾌락이라 하였다.

325 앞의 세 가지 상上·중中·하下라고 한 것은, 상은 승勝이고, 중은 중中이고, 하는 열劣이다.

326 위로 올라갈 곳이 있어 멀리 떠났다고 한 것은, 즉 수행하여 초선에서 제이선, 제이선에서 제삼선으로 올라가는 것이니 열劣은 中이 上이 되고, 중中은 勝이 上이 되고, 승勝은 第一義가 上이 되는 것이다.

327 세 번째 더 이상 올라갈 수 없는 데 머무는 쾌락이라고 한 것은, 『유가론』 구십육권에 말하기를 곧 멸진정이니, 이것도 또한 응당 닦아 익히는 쾌락(第二 應修習)이라 이름한다 하였다. 모두 『잡화기』의 말이다.

328 더 이상이라 한 등은 제일의제第一義諦인 까닭으로 더 이상 없는 것이니, 곧 종극 구경해탈이기에 더 올라갈 곳이 없다. 이것을 第一義諦의 無極에 배속한 것이다.

經

淸淨妙光天王은 得大悲心相應海에 一切衆生喜樂藏의 解脫門하며

청정묘광 천왕은 큰 자비심이 상응하는 바다에서 일체중생이 기뻐하고 즐거워하는 창고의 해탈문을 얻었으며

疏

第二門은 謂無緣大悲가 與性海相應하야 拔世憂患故로 出生喜樂이요 無盡名藏이니 此는 於惱害心에 得解脫이라

제 두 번째 문은 말하자면 무연無緣의 큰 자비가 법성의 바다로 더불어 상응하여 세간의 우환을 빼내는 까닭으로 기쁨과 즐거움을 출생하는 것이요,
끝이 없음을 이름하여 창고라 하나니,
이것은 괴롭고 해로운 마음에서 해탈을 얻은 것이다.

經

自在音天王은 得一念中普現無邊劫에 一切衆生福德力하는 解脫門하며

자재음 천왕은 한 생각 가운데 널리 끝없는 세월에 일체중생의 복덕의 힘을 나타내는 해탈문을 얻었으며

疏

三에 一念等者는 修福德因하야 感依正果가 福之力也라 雖多人多劫에 所感이나 念劫融之頓現이니 此는 於時劫에 得解脫也니라

세 번째 문에 한 생각 가운데라고 한 등은 복덕의 인연을 닦아 의보와 정보의 과보를 감득하는[329] 것이 복덕의 힘이다.
비록 수많은 사람들이 수많은 세월에 감득한 바지만 이 천왕은 한 생각과 수많은 세월을 융합하여 문득 나타내나니,
이것은 시간과 세월에서 해탈을 얻은 것이다.

---

[329] 의보와 정보의 과보를 감득하였다고 한 것은, 지금 장행문에는 정보의 과보를 나타내고 아래 게송 가운데는 의보의 과보를 나타내었다. 고본에 복응福應이라 한 응應 자는 덕德 자의 잘못이다.

經

最勝念智天王은 得普使成住壞하는 一切世間으로 皆悉如虛空 淸淨케하는 解脫門하며

최승념지 천왕은 널리 이루어지고 머물고 무너지는 일체 세간으로 하여금 다 허공과 같이 청정케 하는 해탈문을 얻었으며

疏

第四門은 謂以佛力으로 不動코 成住壞三을 皆如空劫하야 常淸淨 也니 此는 於遷變에 得解脫也니라

제 네 번째 문은 말하자면 이 천왕은 부처님의 힘으로써 움직이지 않고 이루어지고 머물고 무너지는[330] 삼겁三劫을 다 공겁空劫과 같이 청정케 하나니,
이것은 천변遷變하는 데서 해탈을 얻은 것이다.

---

330 이루어지고 머물고 무너진다고 한 아래는 일체 세간을 성·주·괴겁으로 보고 공겁을 따로 허공으로 보았다.

經

可愛樂淨妙音天王은 得愛樂信受一切聖人法하는 解脫門하며

가애락정묘음 천왕은 일체 성인의 법을 사랑하고 좋아하고 믿고 받아들이는 해탈문을 얻었으며

疏

五에 愛樂等者는 謂信樂佛菩薩法하야 敬奉修行이니 則二障에 得解脫也니라

다섯 번째 문에 사랑하고 좋아한다고 한 등은 말하자면 부처님과 보살의 법을 믿고 좋아하여 공경하고 받들어 수행하나니, 곧 이장二障[331]에서 해탈을 얻은 것이다.

---

[331] 이장二障은 믿지 않고 좋아하지 않는 것이 이것이다. 어떤 사람은 번뇌장과 소지장이라 하나, 아닐까 염려한다고 『잡화기』는 말하고 있다.

> 經

善思惟音天王은 得能經劫住하야 演說一切地義와 及方便하는 解脫門하며

선사유음 천왕은 능히 수 세월이 지나도록 머물러 일체 지위(地)와 뜻과 그리고 방편을 연설하는 해탈문을 얻었으며

> 疏

第六門에 地는 謂地智요 義는 謂淸淨이니 卽離念超心地也라 方便者는 敎導와 及入地之由이니 入住出等也라 以無盡辯으로 演無盡法일새 故能經劫이라

제 여섯 번째 문에 지地라고 한 것은 말하자면 각 지위의 지혜요, 뜻(義)이라고 한 것은 말하자면 청정이니,
곧 생각을 떠나고 마음을 초월한 지위이다.
방편이라고 한 것은 가르쳐[332] 인도하는 것과 그리고 지위에 들어가는

---

332 원문에 도급導及은 타본에 도내道乃라 하였으니, 대개 지상에 나아가 스스로 증도와 교도가 있은즉 위에 지위의 지혜(地智)라 한 것은 곧 증도이고, 지금에 방편이라고 한 것은 교도를 밝힌 것이니, 저 교도를 인유하여 바야흐로 증도의 지위에 들어가는 것이다. 그런 까닭으로 말하기를 지위에 들어가는 이유라 하였다. 다시 말하면 교도급입지敎導及入地를 교도내입지敎道乃入地라 하여 방편이라고 한 것은 교도이니, 이에 지위에 들어가는 이유라고

이유이니,

들어가고(入) 머물고(住) 나오는(出)³³³ 등이다.

끝없는 변재로써 끝없는 법을 연설하기에 그런 까닭으로 능히 수 세월이 지난다 하였다.

해석하기도 한다는 것이다.

333 들어가고 머물고 나온다고 한 등은, 대개 닦아 이루는 것으로써 상대하여 교도와 증도를 밝힌즉 일체 지위 가운데 진실과 거짓(방편)을 합하여 닦는 것이 교도가 되고, 거짓을 버리고 진실에 계합하는 것이 증도가 되는 것이다. 곧 들어가고 머물고 나오는 등이 다 이 닦는 모습인 까닭으로 곧 교도에 해당하기도 하나니, 이것은 의대義大와 설대說大의 이대二大로써 교도와 증도를 삼은 까닭이다. 그 뜻은 수자권水字卷 초4장을 볼 것이다. 이상은 역시 『잡화기』의 말이다.

> 經

演莊嚴音天王은 得一切菩薩이 從兜率天宮으로 沒下生時에 大供養方便의 解脫門하며

연장엄음 천왕은 일체 보살이 도솔천궁으로 좇아 사라져 하생下生할 때에 크게 공양하는 방편의 해탈문을 얻었으며

> 疏

七에 一切等者는 通有二義하니 一은 現多身하고 興多供하고 供多佛이 皆稱眞故로 名大方便이니 即長行意요 二는 一念에 八相이 遍法界故로 名大方便이니 即偈中意라 於上自在를 名爲解脫이라

일곱 번째 문에 일체 보살이라고 한 등은 통틀어 두 가지 뜻이 있나니
첫 번째는 수많은 몸을 나타내고 수많은 공양구를 일으키고 수많은 부처님께 공양하는 것이 다 진실에 칭합하는 까닭으로 이름을 큰 방편이라 하나니,
곧 여기 장행문의 뜻이요,
두 번째는 한 생각에 팔상八相이 법계에 두루하는 까닭으로 이름을 큰 방편이라 하나니,
곧 게송 가운데 뜻이다.
저 방편상(上)에 자재한 것을 이름하여 해탈이라 하는 것이다.

經

甚深光音天王은 得觀察無盡의 神通智慧海하는 解脫門

심심광음 천왕은 끝없는 신통과 지혜의 바다를 관찰하는 해탈문을 얻었으며

疏

八은 於定慧障에 得解脫이라

여덟 번째 문은 선정과 지혜의 장애에서 해탈을 얻은 것이다.

㋊

廣大名稱天王은 得一切佛功德海가 滿足出現世間하는 方便力의 解脫門하며

광대명칭 천왕은 일체 부처님의 공덕의 바다가 만족하여 세간에 출현하는 방편력의 해탈문을 얻었으며

㋄

九는 果滿應機니 是於現身化生호대 無堪任性에 得解脫이라

아홉 번째 문은 과해果海[334]가 만족함에 근기에 응하는 것이니, 이것은 몸을 나타내어 중생을 교화하되 감당하여 말을 수 없는 성품에서 해탈을 얻은 것이다.

---

334 과해果海는, 부처님의 공덕의 바다이다.

> 經

最勝淨光天王은 得如來의 往昔誓願力으로 發生深信愛樂藏하는 解脫門하니라

최승정광 천왕은 여래가 지나간 옛날에 서원한 힘으로 깊이 믿고 사랑하고 좋아하는 창고를 발생하는 해탈문을 얻었습니다.

> 疏

十은 見佛大願雲하야 愛樂隨學이니 此는 於自輕障에 得解脫이라

열 번째 문은 부처님의 큰 서원의 구름을 보아 사랑하고 좋아하여 따라 배우는 것이니,
이것은 스스로를 가볍게 여기는 장애[335]에서 해탈을 얻은 것이다.

---

335 원문에 자경장自輕障은, 자굴장自屈障으로 나는 부처가 될 수 없다는 병이다. 즉 스스로 퇴굴하는 병이다.

經

爾時에 可愛樂光明天王이 承佛威力하야 普觀一切少光天과 無量光天과 極光天衆하고 而說頌言호대

그때에 가애락광명 천왕이 부처님의 위신력을 받아 널리 일체 소광천과 무량광천과 극광천의 대중을 관찰하고 게송을 설하여 말하기를

疏

二는 頌中十偈니 次第依前하니라

두 번째는 게송 가운데 열 게송이 있나니,
차례는 앞에 장행문을 의지하였다.

> 經

我念如來昔所行호대　承事供養無邊佛하야
如本信心淸淨業을　　以佛威神今悉見이니다

내가 여래께서 옛날에 행하신 바를 생각하되
끝없는 부처님을 받들어 섬기고 공양하여
본래의 믿는 마음과 같이 청정케 한 그 업을
부처님의 위신력으로써 지금 다 봅니다.

> 疏

今初에 前三句는 明寂靜樂이니 通擧因樂하야 以顯果樂이요 後句는 降現之用이라

지금 처음 게송에 앞의 세 구절은 위에 적정락이라고 한 것을 밝힌 것이니,
모두 인의 쾌락을 거론하여[336] 과果의 쾌락을 나타낸 것이요,
뒤의 구절은 위에 탄생(降生)[337]하여 모습을 나타낸 작용이다.

---

336 모두 인의 쾌락을 거론하였다고 한 것은, 곧 앞에 세 구절을 말한 것이다.
337 원문에 강현降現이라고 한 것은, 이미 앞에서 강신현상降神現相이라고 말한 바 있다.

> 經

佛身無相離衆垢나　　恒住慈悲哀愍地하야
世間憂患悉使除케하시니　此是妙光之解脫이니다

부처님의 몸은 형상도 없고 수많은 때도 떠났지만
항상 자비와 애민의 지위에 머물러서
세간에 우환을 다 하여금 제거케 하시니
이것은 청정묘광 천왕의 해탈입니다.

> 疏

二中에 初句는 卽所相應海요 次句는 卽能應大悲니 大悲荷物일새
故名爲地라 次句는 卽生喜藏이니 憂除故로 喜요 患除故로 樂이라

두 번째 게송 가운데 처음 구절은 곧 위에 상응할 바 바다라고
한 것이요,[338]
다음 구절은 곧 위에 능히 상응하는 큰 자비라고 한 것이니,[339]
큰 자비로 중생을 짊어지기에 그런 까닭으로 이름을 지위(地)라
하였다.

---

[338] 처음 구절은 곧 위에 상응할 바 바다라고 한 것은, 영인본 화엄 2책, p.769, 말행에 제이구第二句 가운데 상응해相應海라 한 것이다.
[339] 다음 구절은 곧 위에 능히 상응하는 큰 자비라고 한 것은, 영인본 화엄 2책, p.769, 말행에 제이구 가운데 대비심大悲心이라 한 것이다.

다음 구절은 곧 위에 중생이 기뻐하고 즐거워하는 창고라고 한 것이니,340

근심(憂)을 제거한 까닭으로 기쁘다(喜) 하고,

과환(患)을 제거한 까닭으로 즐겁다(樂) 한 것이다.

---

340 다음 구절은 곧 위에 중생이 기뻐하고 즐거워하는 창고라고 한 것은, 영인본 화엄 2책, p.769, 말행의 제삼구에 일체중생희락장一切衆生喜樂藏이라 한 것이다.

> 經

佛法廣大無涯際하야　　一切刹海於中現이나
如其成壞各不同하나니　自在音天解脫力이니다

부처님의 법은 광대하여 끝이 없어서
일체 국토 바다가 그 가운데 나타나지만
그 이루어지고 무너지는 것이 각각 같지 아니함과 같이하시니
자재음 천왕의 해탈한 힘입니다.

> 疏

三中에 初句는 能現이요 次는 所現이라

세 번째 게송 가운데 처음 구절은 능히 나타내는 것(能現)[341]이요,
다음 구절은 나타내는 바(所現)[342]이다.

---

341 능히 나타내는 것(能現)은 불법이다.
342 나타내는 바(所現)는 일체 국토이다.

經

佛神通力無與等하야　　普現十方廣大刹하며
悉令嚴淨常現前하시니　勝念解脫之方便이니다

부처님의 신통력은 더불어 같을 이가 없어서
널리 시방에 광대한 국토를 나타내시며
다 하여금 장엄하고 청정케 하여 항상 앞에 나타나게 하시니
최승념지 천왕의 해탈한 방편입니다.

疏

四中에 初二句는 卽普使成住等이요 次一句는 頌如虛空淸淨이니 以三災彌綸이라도 而淨土不毀故니라 然이나 三四二偈가 似如前 却이나 且順文釋耳니라

네 번째 게송 가운데 처음에 두 구절은 곧 위에 널리 하여금 이루어지고 머물고 무너진다고 한 등이요,
다음에 한 구절은 위에 허공과 같이 청정하다고 한 것을 게송한 것이니,
삼재三災가 가득 둘러싼다 하더라도 정토는 훼손되지 않는 까닭이다. 그러나 세 번째와 네 번째의 두 게송이 흡사 앞뒤가 뒤바뀐 것 같지만[343] 또한 문장을 따라 해석하였을 뿐이다.

343 흡사 앞뒤가 뒤바뀐 것 같다고 한 것은, 장행문과 게송을 비교하여 보면 뒤바뀐 듯함을 엿볼 수 있을 것이다.

經

如諸刹海微塵數하야　　所有如來咸敬奉하야
聞法離染不唐捐하시니　此妙音天法門用이니다

모든 국토 바다의 작은 티끌 수와 같이
있는 바 여래를 다 공경하고 받들어
법문을 듣고 염오심을 떠나 헛되이 버리지 않았으니
이것은 가애락정묘음 천왕의 법문의 작용입니다.

疏

五中에 初二句에 咸敬奉은 是愛樂이요 餘는 是聖人이라 次一句는
卽上法과 及信受也니라

다섯 번째 게송 가운데 처음에 두 구절에 다 공경하고 받든다고
한 것은, 이것은 위에 사랑하고 좋아한다고 한 것이요,
나머지는 이것은 위에 성인이라고 한 것이다.
다음에 한 구절은 곧 위에 법[344]이라고 한 것과 그리고 믿고 받아들인
다고 한 것이다.

---

344 원문에 상법上法이라고 한 것은, 최상의 법이 아니라 위에 법이라는 뜻이다.
　　혹 성인의 법이라 하니 최상의 법이라 할 수도 있으나, 이미 바로 위에
　　나머지는 성인이라 하였기에 아니다.

經

佛於無量大劫海에　　說地方便無倫匹하며
所說無邊無有窮하시니　善思音天知此義이니다

부처님의 한량없는 큰 세월 바다에
지위(地)와 방편을 설한 것이 짝할 이 없으며
설한 바가 끝도 없고 다함도 없으시니
선사유음 천왕이 이 뜻을 알았습니다.

疏

六中에 初句는 經劫住요 次二句는 卽地義와 方便이라 無邊은 是一切也라

여섯 번째 게송 가운데 처음 구절은 위에 수 세월이 지나도록 머문다고 한 것이요,
다음에 두 구절은 곧 위에 지위(地)와 뜻과 방편이라고 한 것이다.
끝도 없다고 한 것은 이것은 위에 일체라고 한[345] 것이다.

---

[345] 일체라고 한 것은, 위에 일체지의 一切地義라 한 그 일체이다.

> 經

如來神變無量門으로　　一念現於一切處에
降神成道大方便하시니　此莊嚴音之解脫이니다

여래의 신통은 한량없는 문으로써
한 생각에 저 일체 처소에
태어나고 성도하시는 큰 방편을 나타내시니
이것은 연장엄음 천왕의 해탈입니다.

> 疏

七中에 通頌八相普周니 略無供養이라

일곱 번째 게송 가운데는 팔상八相으로 널리 두루함을 통틀어 게송한 것이니,
공양이라는 말은 생략되고 없다.[346]

---

346 공양이라는 말은 생략되고 없다고 한 것은, 위의 장행문에는 대공양방편大供養方便이라 하였으나, 여기서는 공양이라는 말은 빼고 대방편이라고만 했다는 것이다.

經

威力所持能演說하며　　及現諸佛神通事하야
隨其根欲悉令淨케하시니　此光音天解脫門이니다

위신력을 소지所持하여 능히 연설하며
그리고 모든 부처님의 신통 사事를 나타내어
그들의 근욕根欲을 따라서 다 하여금 청정케 하시니
이것은 심심광음 천왕의 해탈문입니다.

疏

八中에 初句는 是前智慧요 次句는 神通이요 次句는 無盡及海라
以隨根令淨은 是深廣故니라

여덟 번째 게송 가운데 처음 구절은 이것은 앞에 지혜라고 한 것이요,
다음 구절은 위에 신통이라 한 것이요,
다음 구절은 위에 끝이 없다고 한 것과 그리고 바다라고 한 것이다.
근욕을 따라 하여금 청정케 한다고 한 것은 이것은 깊고도 넓다고[347]
한 까닭이다.

---

347 깊고도 넓다고 한 것은, 깊고도 넓은 까닭으로 위에 다함이 없다 한 것이다. 따라서 뜻으로 인용한 것이라 할 것이다.

經

如來智慧無邊際하야　　世中無等無所著이나
慈心應物普現前하시니　廣大名天悟斯道니이다

여래의 지혜는 끝이 없어서
세상 가운데 같을 이도 없고 집착하는 바도 없지만
자비한 마음으로 중생을 응대하려 널리 앞에 나타나시니
광대명칭 천왕이 이 도를 깨달았습니다.

疏

九中에 初二句는 卽德海滿足이요 次句는 出現世間이라

아홉 번째 게송 가운데 처음에 두 구절은 곧 위에 공덕의 바다가
만족하다고 한 것이요,
다음 구절은 위에 세간에 출현한다고 한 것이다.

> 經

佛昔修習菩提行코자하야　　供養十方一切佛하고
一一佛所發誓心하시니　　最勝光聞大歡喜이니다

부처님이 옛날에 보리행을 닦아 익히려
시방의 일체 부처님께 공양하시고
낱낱 부처님의 처소에서 서원을 일으키셨나니
최승정광 천왕이 듣고 크게 환희하였습니다.

> 疏

十中에 三句는 通明前昔誓願力이요 第四句는 結中에 便顯深信
愛樂藏이니 以文云호대 大歡喜故니라

열 번째 게송 가운데 처음에 세 구절은 앞에 옛날에 서원의 힘이라고
한 것을 통틀어 밝힌 것이요,
제 네 번째 구절은 위에 결론 가운데 문득 깊이 믿고 사랑하고
좋아하는 창고라고 한 것을 나타낸 것이니,
여기 문장에서는 말하기를 크게 환희함이라 한 까닭이다.

청량 징관(清涼 澄觀, 738~839)

중국 화엄종의 제4조.
절강성浙江省 월주越州 산음山陰 사람으로, 속성은 하후夏侯, 자는 대휴大休, 탑호는 묘각妙覺이다.
11세에 출가하여 계율, 삼론, 화엄, 천태, 선 등을 비롯, 내외전을 두루 수학하였다. 40세(777년) 이후 오대산 대화엄사에 머물면서 『화엄경』을 여러 차례 강설하였으며, 이를 토대로 『대방광불화엄경소』 60권, 『대방광불화엄경수소연의초』 90권을 저술하고 강의하였다. 796년에는 반야삼장의 『40권 화엄경』 번역에 참여하였고, 덕종에게 내전에서 화엄의 종지를 펼쳤다. 덕종에게 청량국사清涼國師, 헌종에게 승통청량국사僧統清涼國師라는 호를 받는 등 일곱 황제의 국사를 지냈다.
저서로 『화엄경주소華嚴經註疏』, 『화엄경수소연의초華嚴經隨疏演義鈔』, 『화엄경강요華嚴經綱要』, 『화엄경략의華嚴經略義』, 『법계현경法界玄鏡』, 『삼성원융관문三聖圓融觀門』 등 400여 권이 있다.

관허 수진貫虛 守眞

1971년 문성 스님을 은사로 출가, 1974년 수계, 해인사 강원과 금산사 화엄학림을 졸업하고, 운성, 운기 등 당대 강백 열 분에게 10년간 참문수학하였다.
1984년부터 수선안거 10년을 성만하고, 1993년부터 7년간 해인사 강원 강주로 학인들을 지도하였다.
대한불교조계종 교육위원, 역경위원, 교재편찬위원, 중앙종회의원, 범어사 율학승가대학원장 및 율주를 역임하였다.
현재 부산 승학산 해인정사에 주석하면서, 대한불교조계종 고시위원장, 단일계단 계단위원·존증아사리, 동명대학교 석좌교수, 동명대학교 세계선센터 선원장 등의 소임을 맡고 있다.

청량국사화엄경소초 13 - 세주묘엄품 ③

초판 1쇄 인쇄 2021년 4월 16일 | 초판 1쇄 발행 2021년 4월 26일
청량 징관 찬술 | 관허 수진 현토역주 | 펴낸이 김시열
펴낸곳 도서출판 운주사

      (02832) 서울시 성북구 동소문로 67-1 성심빌딩 3층
   전화 (02) 926-8361 | 팩스 0505-115-8361

ISBN 978-89-5746-643-8 94220
ISBN 978-89-5746-592-9 (총서)   값 17,000원
http://cafe.daum.net/unjubooks 〈다음카페: 도서출판 운주사〉